JN086145

CEO新任・続投のポイント

弁護士
吉川　純　著

商事法務

はしがき

今般，光栄にも，商事法務からCEO選解任・後継者計画に関し，執筆の機会を頂いた。

今回の執筆の契機は，本文中でも言及する通り，2018年6月のコーポレートガバナンス・コード改定及び同年9月の経済産業省コーポレート・ガバナンス・システム研究会の報告である。特に，後者を受けて，後継者計画に対する関心は，急速に高まった。更に，2019年6月の同研究会の第2回報告は，グループガバナンスを包括的に取り上げたが，この中で子会社の後継者計画及びこれに対する親会社社外取締役の関与にも，言及している。

一口に後継者計画といっても，そのイメージするところは，論者により様々である。広義の人事政策の一環としての将来の幹部候補生の選抜・トレーニングに関する計画から，グローバルなコンサルティング会社等が提供する役員研修メニュー，更には現CEOの胸中にある自らの交代及び後任者人選の予定等々，種々の計画・プランが想起される。筆者は，前記2018年の経済産業省報告等を手掛かりに，まず論点のピックアップ・絞込みに着手した。その過程で改めて認識させられたことは，後継者計画とCEO選解任の不可分一体性である。計画のクライマックスともいうべき新CEO就任は，共同CEO制を採るなど極めて例外的な場合を除き，現CEO退任と一対である。この意味で，両者の不可分一体性は，いわば自明のことといえる。最近の論議において，CEO選解任は，取締役会の監督の根幹と位置付けられ，その際，独立社外取締役が果たすべき役割の重要性もつとに強調されている。この意味で，CEO選解任・後継者計画は，ガバナンス改革の本丸中の本丸といえる。

前記の2度の経済産業省報告等が示唆する方向性は，相当先進的な内容も含んでおり，仮に全てを即時実行に移すならば，わが国の上場企業の多くに，急激な変革を迫ることとなろう。しかし，2度の報告の基本的基調は，モデレートかつ漸進的ということができる。例えば，2018

年9月の報告は，後継者計画に関し現CEO等の業務執行者と社外取締役のaccord（調和）を強調する。CEO選解任を一部社外取締役の専断に委ねるというような極端に先鋭な考え方は採らない。

筆者が，複数の現職の上場会社CEO・CFO及び社外役員を対象に行ったアンケートにおいても，ほぼ全員が一致して前記報告と同方向の考え方を支持される。アンケートの結果は，第4章に掲載するので，是非，ご一読頂きたい。

ガバナンス改革が端緒についた数年前には，ある種の混乱や極端に走る動き等も散見されたが，落ち着くべき方向に収斂しつつあるとすれば，喜ばしいことといえる。

目指す方向は同じでも，そこに至る経路・スケジュールに関しては，種々のバリュエーションがあることも，忘れてはならない。目指す頂上は一つでも，登頂ルートは複数存在する場合が多い。登頂のスケジュールや所要時間も，登山者の体力・経験等に応じて調整することが求められる。ガバナンス改革という大きな山の登頂に関しても，当然複数のルートが想定され，各上場会社の個別性に応じた速度等の調整も，少なくとも一定程度は容認されるべきである。一口に上場会社といっても，その属性や置かれた環境等は，千差万別である。やはり，何事に関しても，多様性・個別性に対する配慮も必要といえよう。肝要であるのは，ある程度の時間を要しても，あるべき将来像を目指しての歩みを開始し，一歩一歩着実に歩を進めることといえる。

ガバナンスコード改定や2度の経済産業省研究会報告に関しては，主として経営論的な観点から既に各方面で活発に論議され，数多くの優れた論文等も発表されている。本稿では，視点を変えて，法技術的な観点，より端的には，会社法の解釈・運用の観点から，CEO選解任・後継者計画に関する検討を試みた。

ガバナンス改革関連では，2014年と2019年の2度の会社法改正において，多くの重要な改正が加えられた。それでも一見すると，前記改定コードや経済産業省報告が志向する先進的方向性との間には，相当のギャップがあるようにも思われる。確かに，改定コードや研究会報告が示唆する方向性を推進しようとすれば，その過程では，現行会社法との間にある種のギャップが生じる可能性も，率直にいうと，否定はできない。ギャップを埋めることが必要であれば，法改正に向けた検討も進められるべきである。同時に，従来の通念をやや離れて再検討すると，現行法の解釈・運用で十分対応可能と思われる論点も決して少なくないことも，痛感させられた。むしろ，従来の主流的実務に比し，研究会報告等が示唆する方向性の方が，より現行法に良く適合するのではないかと感じられる局面すら存在する。代表例として，前記経済産業省 2019 年研究会報告が示唆する子会社経営陣の選解任等への親会社取締役会・社外取締役の関与を挙げることができる。このような場合では，より現行法に適合させるべく，従来の運用・実務を見直すべきである。又，旧商法以来，一貫して存在しながらさほど注目されてこなかった条文や，重要であるにかかわらず掘下げが不十分な論点等も，少なくないことにも気付かされた。筆者は，今後の実務の運用，更には将来に向けた立法的提言等のささやかな一助になればとの想いから，検討すべき課題・論点の整理を試みた。

本論に入るに先立ち，本稿の構成を簡単に紹介させて頂く。

第 1 章では，2018 年のコード改定から 2019 年 6 月の経済産業省研究会報告に至る経緯を簡単に振り返った。

第 2 章では，主として上場会社を想定して，留意・検討すべきポイントを整理した。

第 3 章では，投資家とのエンゲージメント（建設的対話）及び株主総会での質問に備えての Q&A を掲載した。回答者としては，CEO や IR 担当者等の他，社外取締役も想定した。エンゲージメントにおける社外取締役の役割がつとに強調され，株主総会でも社外取締役が回答する例が増えている最近の状況を考慮したものである。

第 4 章では，前記現職の上場会社役員の方々に対するアンケート結果を掲載した。

第 5 章及び第 6 章では，2019 年経済産業省研究会報告が取り上げたグループガバナンスの観点から，上場会社の子会社等の CEO 選解任・

後継者計画に関し，非上場の完全子会社といわゆる上場子会社に分けて，簡単に検討を加えた。

第７章では，CEO 選解任・後継者計画と関連する会社法上の論点中，特に重要と思われる数点にスポットをあてた。

最後の第８章では，本稿のテーマを通し，前記改定コードや２度の経済産業省研究会報告等も踏まえつつ，今後，中長期的に目指すべき会社統治の形態を探った。

筆者としては，できる限り多くの論点を網羅したいと望んだが，不十分に終わった部分も少なくない。力不足をお詫び申上げる。

本稿が，より良い実務構築を目指される皆様や，あるべき法制実現に向け論議検討を進められる皆様にとり，いささかでもお役に立てることがあれば，筆者にとり，望外の喜びである。

本稿が日の目を見たのは，ひとえに商事法務の皆様，とりわけ出版部の佐藤敦子次長の温かいご配慮と激励の賜物という他ない。又，執筆に際しては，細川健（特定行政書士・大和プロパティ監査役，元大和証券グループ本社法務部法務部長）及び鈴木さおり（株式会社コネクト経営企画部上席課長代理，元大和証券グループ本社法務部）の両氏から，種々の有益なご助言を頂いた。又，現職 CEO・CFO や社外役員の方々が，ご多忙の中，アンケートに快くご回答下さった。この場をお借りして，皆々様に謝意を表させて頂く。

吉川　純

目次

第3章 エンゲージメント・株主総会を想定した Q&A ―――社外取締役・社外監査役による回答に対応

凡例

金融庁・東京証券取引所の共管による，スチュワードシップ・コード及びコーポレートガバナンス・コードに関するフォローアップ会議

フォローアップ会議

金融庁・東京証券取引所の共管によるコーポレートガバナンス・コード

CG コード

金融庁・東京証券取引所の共管による，スチュワードシップ・コード

SS コード

改訂コーポレートガバナンス・コードの附属文書「投資家と企業の対話ガイドライン」

対話ガイドライン

経済産業省所管のコーポレート・ガバナンス・システム研究会

CGS 研究会

経済産業省所管のコーポレート・ガバナンス・システム研究会の２回にわたる報告書

2018 年 CGS 研究会報告
2019 年 CGS 研究会報告
（※ CGS ガイドラインは，CGS 研究会報告の一部）

内閣総理大臣直轄の，2019 年３月７日開催の未来投資会議（第 24 回会議）

第 24 回未来投資会議

第１章

クローズアップされた後継者計画・CEO 選解任

本稿のテーマであるCEO選解任・後継者計画は，いうまでもなくコーポレートガバナンス（企業統治）の要中の要ともいうべきテーマである。

コーポレートガバナンスは，平成26年（2014年）会社法改正の主要テーマの一つであるが，最近１～２年に，複数の公的機関において，従来の論議・考え方をより深化させる動きが相次いでいる。

即ち，金融庁・東京証券取引所の共管によるコーポレートガバナンス・コードの改定，経済産業省のコーポレート・ガバナンス・システム研究会の２回にわたる報告書発出及び内閣総理大臣直轄の未来投資会議（事務局は内閣官房）における一連の議事である。これら最近の動きは，CEO選解任・後継者計画にも，極めて大きな影響を及ぼすものであり，本稿執筆の決定的契機ともなったものである。

各々の経緯及び結果等に関しては，該当機関のホームページ等で公開されているが，選解任・後継者計画の検討に入るに先立ち，簡単に振り返りたい。

1　2018年CGコードの改定

スチュワードシップ・コード及びコーポレートガバナンス・コードに関するフォローアップ会議は，平成29年（2017年）10月来，両コードの改定・見直しに関する論議を，鋭意進めてきた。

フォローアップ会議の答申を受け，同30年（2018年）3月26日に，コーポレートガバナンス・コードの改定案と附属文書としての「投資家と企業の対話ガイドライン」の原案が公表され，所要のパブリックコメント等を経て，６月１日付で確定した。

今回のCGコード改定は，多岐にわたったが，この内，特に後継者計画と関係が深いと考えられるのは，次の各原則の改定・新設である。

補充原則４－１③の改定

４－１③　取締役会は，会社の目指すところ（経営理念等）や具体的な経営戦略を踏まえ，最高経営責任者（CEO）等の後継者計画（プランニング）の策定・運用に主体的に関与するとともに，後継者候補の育成が十分な時間と資源をかけて計画的に行われていくよう，適切に監督を行うべきである。

補充原則4－3③の新設

4－3③ 取締役会は，会社の業績等の適切な評価を踏まえ，CEOがその機能を十分発揮していないと認められる場合に，CEOを解任するための客観性・適時性・透明性ある手続を確立すべきである。

補充原則4－10①の改定

上場会社が監査役会設置会社または監査等委員会設置会社であって，独立社外取締役が取締役会の過半数に達していない場合には，経営陣幹部・取締役の指名・報酬などに係る取締役会の機能の独立性・客観性と説明責任を強化するため，取締役会の下に独立社外取締役を主要な構成員とする任意の指名委員会・報酬委員会など，独立した諮問委員会を設置することにより，指名・報酬などの特に重要な事項に関する検討に当たり独立社外取締役の適切な関与・助言を得るべきである。

改定のポイントは，一目瞭然であるが，「取締役会に対し，後継者計画の策定・運用に具体的に関与すること及び経営陣幹部の選解任を適切に実行することを求めたこと」及び「改定前には例示とされていた社外取締役が主導する任意委員会を，監査役会設置会社・監査等委員会設置会社で社外取締役が過半数に達しない場合は必置としたこと」である。その意義については，ここで繰り返すまでもないと思われる。

又，対話ガイドラインは，投資家・企業間で重点的に対話が望まれる大項目の一つとして「CEOの選解任・取締役会の機能発揮等」を掲げ，更に3－1乃至3－4で，以下の通り，ブレークダウンした。

3－1 持続的な成長と中長期的な企業価値の向上に向けて，経営環境の変化に対応した果断な経営判断を行うことができるCEOを選任するため，CEOに求められる資質について，確立された考え方があるか。

3－2　客観性・適時性・透明性ある手続により，十分な時間と資源をかけて，資質を備えたCEOが選任されているか。こうした手続を実効的なものとするために，独立した指名委員会が活用されているか。
3－3　CEOの後継者計画が適切に策定・運用され，後継者候補の育成（必要に応じ，社外の人材を選定することも含む）が，十分な時間と資源をかけて計画的に行われているか。
3－4　会社の業績等の適切な評価を踏まえ，CEOがその機能を十分発揮していないと認められる場合に，CEOを解任するための客観性・適時性・透明性ある手続が確立されているか。

なお，この対話ガイドラインに関しては，CGコードの各原則と異なり，上場会社においてコンプライ・エクスプラインを表明することまでは，求められていない。

2　2018年9月28日のCGS研究会報告

経済産業省CGS研究会は，平成29年（2017年）12月以降，「コーポレート・ガバナンス・システムに関する実務指針」の改定作業を進めてきたが，前記CGコード改定・対話ガイドライン策定を受けて，後継者計画・CEO選解任を重要項目の一つとして取り上げ，平成30年（2018年）9月28日付で報告書を発出した。この報告書も，後継者計画・CEO選解任を最重要テーマの一つと位置付け，改定CGコード・対話ガイドラインの具体化を志向して，相当のページを割いて取り上げている。

3　2019年3月7日未来投資会議

未来投資会議は，「未来投資戦略2018―『Society 5.0』『データ駆動型社会』への変革―」（2018年6月15日閣議決定）を受け論議を重ねてきたが，2019年3月7日開催の第24回会議において，コーポレートガバナンス改革の残された課題の一つとして上場子会社のあり方を取り上げた。同日の会議は，わが国における上場子会社数は諸外国に比し突出して多いとの認識に立ち，その弊害として，親会社以外の少数株主の利益が害される危険性を，明示的に指摘している。その対策としては，上場子会社における独立社外取締役の重要性を強調し，その比率を高める必要性が強調され，更に望ましい比率として，3分の1以上ないし過半数という具体的数値も示している。

4 2019年6月28日のCGS研究会報告

前記**2**の2018年9月28日の報告と同様に，CGコード等の具体的な実施指針的な機能を意図したものであるが，テーマはグループガバナンスである。

報告書は，完全子会社と上場子会社を明確に区分した上で，子会社のCEO選解任・後継者計画等に関する親会社の関与のあり方等を，正面から取り上げている。

そして，完全子会社に関しては，親会社指名委員会・報酬委員会等の子会社経営陣の人事・報酬への関与等も示唆している。

一方，上場子会社に関しては，前記第24回未来投資会議の論議等を受けて，子会社における独立社外取締役主導の指名委員会設置等を提唱し，独立性判断の基準として過去10年間の親会社への不関与等を挙げている。

5 小結

上記の2018年CGコード改定・対話ガイドライン策定，2回にわたる経産省CGS研究会の報告及び第24回未来投資会議等の内容及びそこに至る議事の経緯等は，金融庁，経済産業省，更には首相官邸のホームページ上に詳しく掲載されている。その中で，各事務当局の説明や委員各位の発言等には，今後の方向性を考える上で，大変示唆に富むものが少なくない。

読者の皆様におかれても，お時間が許せば，是非，ご覧頂きたい。

その経緯は兎も角，上記一連の経緯を経て，東証本則市場上場会社は，改定CGコード補充原則4－1①乃至③及び同4－10①等に関し，特にエクスプレインしない限り，これら補充原則の充足を要求され，その際，2018年及び2019年の2回にわたるCGS研究会報告等も斟酌することが求められることとなった。

2014年の前回の会社法改正等を契機に急速に盛り上がったガバナンス改革を巡る論議も，いよいよ，CEO選解任・後継者計画，グループガバナンス等，本丸に差し掛かりつつある。上場会社及びその関係者は，もはや否応なく，これら大きな課題に正面から向き合うことが要求される。独立社外取締役も，文字通りCEO等から独立した立場で関与することが求められる。結論としての方向性に関しては，種々，選択の余地もあると考えられる。筆者らも，次章以下では，できる限り多様な考え方や選択肢を示すように心掛けた。しかし，適正なプロセスにより真摯に検討し，主体性を以て方向性を選択し，株主及び市場に対し適切に説明責任を果たすことだけは，絶対に避けて通れない。

以下，このような問題意識の下，本稿のテーマであるCEO選解任及び後継者計画の検討を進めたい。

第２章

浮き彫りとなったポイント

本章では，本稿のテーマに関し，現時点に至る過程で浮上した重要と思われるポイントに関し，簡単な整理を試みる。

いうまでもなく，CEOの選解任は，会社法上，取締役会における代表取締役・代表執行役の選解任決議により行われる。この決議が，後継者計画の最大のクライマックスといえる。この意味で，代表取締役・代表執行役の選解任に関する取締役会決議のあり方は，後継者計画・CEO選解任に関する最大のイシューということもできる。そして，この選解任権は，取締役会の最も根幹的かつ最終的な監督権限である。このことを銘記しつつ，改定CGコード及び2度の経産省CGS研究会報告等を踏まえ，2019年改正会社法も視野に，重要と思われる幾つかのポイントをピックアップし，実務的観点から整理を試みる。

会社法学的上，特に重要と思われる数個のポイントについては，別途，**第7章**で検討する。

1　後継者計画の諸段階

(1)　時系列的段階区分の必要性

後継者計画は，時系列的に種々の段階を包含する。

論議に際しては，いずれの段階かを明確に意識することが求められる。段階区分については様々な考え方があると思われるが，本稿では，便宜上，次の3段階に区分する。

第1段階　将来CEO候補ともなる可能性のある幹部候補生の選抜・育成

次世代の役員候補の選抜・育成で，上場会社の多くで既に何らかの形で実施されていると考えられる。対象者は，40歳前後以上の管理職や執行役員の場合が多いかと思われる。

第2段階　CEO就任後における次期CEO候補の選抜・育成

外部招聘であれば格別，内部登用を前提とすれば，多くの場合，現任役員が対象となると思われる。

第3段階　現CEO退任に対応する新CEO選定から就任後のケアまで
　共同CEO制等の極めて例外的場合を除き，新CEO選定は，現CEOの退任が前提となる。退任の形態としては，死亡等による自動的退任，取締役又は代表取締役への不再選，任期途中でのCEO側からの辞任・取締役会決議による解任等を考え得る。

2018年CGS研究会報告は，上記第2段階及び第3段階に照準を当て，ステップ1からステップ7の各段階に分けて検討を加えている。一般に後継者計画と称されるプランも，この2段階を指すことが多い。しかし，第1段階の重要性を強調し，この段階からの社外役員の関与等の必要性を指摘する論者も少なくない。いずれにしても，後継者計画を論ずる際には，段階を明確に意識する必要がある。

(2) CEO再選・退任問題との不可分一体性

後継者計画が前記**1**の第3段階を包含する以上，当然，CEO交代，より端的には，現CEOの退任のあり方と切り離して論議することはできない。更に突き詰めると，現CEOの適切な在任期間の問題にもたどり着く。

わが国の上場会社では，一般にCEO等の代表取締役・役付取締役等の任期は，定時総会終結後の取締役会から次期定時総会終結時までの約1年間とされる例が多い。突発的事情等による場合を除き，CEOの交代は，「定時総会終結後の取締役会で，従来のCEOを再選せず，新CEOを選任」という形で，実現するのが通例といえる。そもそも，定時総会で従前のCEOを取締役に再選しないケースも，想定される。

この意味で，後継者計画は，CEOの再選・退任問題と不可分一体の関係にあるといえる。

(3) コンティンジェンシー・プランの必要性

突発的にCEOが交代する事態としては，いわゆる不祥事等による引責辞任，病気（最悪の場合は死亡）等の個人的・身体的な事情等が想定される。後継者計画中に，これら突発的事態を想定したコンティンジェンシー・プランも必要と考えられる。

2　CEO ＝代表取締役の選解任に関する会社法の基本原則

後継者計画・CEO 選解任の最大のイシューというべき代表取締役・代表執行役の選解任の取締役会決議に関し，会社法の観点から，整理を試みる。

(1)　代表取締役選解任は取締役会の根幹的監督権限

会社法上，取締役会は，業務執行の決定機関であると同時に監督機関としての機能を担う。CEO= 代表取締役の選解任は，監督機関としての取締役会の根幹的権限といえる（会社法 362 条 4 項 3 号）。指名委員会等設置会社においても，CEO= 代表執行役を含む執行役の選解任は，指名委員会でなく取締役会の権限である。

苟も取締役である以上，この根幹的権限行使（選解任議案の審議・採決）には，主体的に参画することが求められる。これは，監督機関構成員たる取締役としての最も基本的かつ重要な任務であり，その懈怠・放棄は，善管注意義務・忠実義務に違反するものといわざるを得ない。この点に関し，会社法の原則は，明らかといえる。

他方，わが国上場企業の実態に目を向けると，任意の執行役員制の導入等により従前よりは大幅な減少傾向にはあるが，取締役中に CEO 指揮監督下で業務執行に当たる社内者も，相当数含まれる例が多い。これら社内取締役が，CEO の選解任議案審議に際し厳正な権限行使を貫徹し得るかに関しては，率直にいって，懸念も否定はできない。改定 CG コード補充原則 4 − 10 ①が任意の指名委員会等を要求するのも，かかる懸念によるものと言える。

(2)　特別利害関係人の議決権排除

前記の通り，指名委員会等設置会社も含め，CEO 選解任は取締役会の根幹的権限であり，取締役である限り，主体性・自主性を以てその審議・採決に参加することを要求される。唯一の例外は，特別利害関係人として議決から排除される場合である（会社法369条2項等）。

CEO選解任と特別利害関係人排除との関係は，**第7章**で検討する。

3 委員会のあり方と監査役員の関与

第1章で述べた通り，改定CGコード補充原則4－10①は，独立社外取締役が取締役会の過半数に満たない監査役会設置会社及び監査等委員会設置会社に対し，「経営陣幹部・取締役の指名・報酬などに係る取締役会の機能の独立性・客観性と説明責任を強化するため，取締役会の下に独立社外取締役を主要な構成員とする任意の指名委員会・報酬委員会など，独立した諮問委員会の設置」を要求する。

(1) 任意委員会設置の根拠

任意委員会を設置する場合，その根拠を何処に置くべきか。

会社法上，定款の任意記載事項として，任意委員会に関する規定を設けることは可能と考えられる。但し，当然のことであるが，同法の強行規定に反することは許されない。従って，会社法が強行的に取締役会決議を要求する事項の決定は，任意委員会に移すことは認められない。CEO選解任は，その代表例といえる。

改定CGコード補充原則4－10①が，「取締役会の下の諮問機関」としての任意委員会の設置を要求するのも，会社法の強行規定との整合性を考慮したものと考えられる。

定款の任意的記載事項として任意委員会に関する事項を規定することの妥当性は？　任意委員会を必置とし，取締役会限りでの恣意的改廃を許さないという点では，メリットも認められる。反面，任意委員会の長所として挙げられる柔軟性は損なうおそれがある。会社法との関係で自ずと権限が限定される任意委員会に関し，敢えて定款で規定するメリットは大きいとは思われない。仮に規定するとしても，例えば「代表取締役の選解任に関する取締役会の諮問機関として，○○委員会を設ける。

その構成，所管事項等は，取締役会決議により定める」というような概括的規程に止めることが望ましいと思われる。

(2)　取締役会決議の態様・内容等

任意委員会設置は，その重要性に鑑み，原則的に取締役会決議によることが適当と考えられる。決議の態様としては，概略，次の各類型が想定される。

ア　取締役会規則又はその細則の改廃

イ　社内規程たる任意委員会規則の制定（例えば指名委員会規則）

ウ　任意委員会の設置決議

上記各類型を通じて，取締役会決議で定めるべき事項は，概略，次の通りかと思われる。

ア　委員会の名称

イ　委員会の基本的役割（レビューを任務とする諮問機関 OR 取締役会に提出する議案の策定機関）

ウ　委員の構成，選出方法及び任期

エ　委員会の議事・運営

オ　取締役会の報告請求権及び取締役会に対する答申・報告義務

カ　委員会の経費及び庶務処理部署

(3)　任意委員会の基本的役割

CEO 選解任・後継者計画に関する任意委員会の機能・役割としては，一応，次の各通りを想定し得る。

ア　取締役会に提出する議案の策定機関

イ　取締役会の諮問機関（CEO 提出又は提出予定の議案をレビューし，取締役会に答申）

ウ　CEO の諮問機関（CEO の委任を受けてレビュー。答申は CEO に対し行うが，CEO はその内容を取締役会に提出）

CGコード補充原則4－10①は諮問委員会との語を用いており，この意味では，**イ**・**ウ**と親和的ともいえる。但し，フォローアップ会議から2018年CGS研究会報告に至る一連の経緯に照らせば，想定されているのは，CEO策定の原案にネガティブチェックを加えるような純然たる受身の諮問機関ではなく，むしろ**イ**のような能動性のある機関かと思われる。上記の通り，任意委員会の機能・役割は，その創設に関する取締役会決議による。

(4) 委員以外の取締役の責任・役割

前記**2**(1)で述べた会社法の大原則との関係上，任意委員会の委員でない取締役も，CEO選解任の決議に主体的・能動的に参画することが要求され，その放棄・懈怠は善管注意義務等に違反することとなる。この原則との関係上，委員以外の取締役は，どのような役割・責任を果たすべきか。

この点に関しては，一応，次の二通りの方向性を，想定し得る。

ア　社内を含む全取締役が厳正に責任を全うすることを前提に，その補強のために，取締役会付議に先立ち社外者を主要構成員とする任意委員会で事前の審議・検討を加える。

委員以外の取締役は，審議の経過・結果を十分に斟酌する。しかし，これを無条件で受容することなく，最終的には自らの主体的判断で議決権を行使する。

イ　社内者の比重の大きい取締役会には会社法の原則通りの監督機能を適正に果たすことを期待し難いことを前提として，取締役会が担うべき監督機能を社外者主導の任意委員会に実質的に移す。

上記の内，会社法の原則と整合的であるのはいうまでもなく**ア**である。この方向性を採る場合，任意委員会による補強にもかかわらずなお取締役としての厳正な権限行使に懸念が残る者は，取締役構成員から除外し，任意の執行役員（指名委員会等設置会社であれば法定の執行役も可）に専任させることを検討すべきである。

他方，**イ**は会社法の原則よりも現実を重視するものといえる。この方向性を採ると，任意の委員以外の取締役の権限行使に事実上の制約を加える動きに繋がる。一部には，「委員以外の取締役から，委員会の決定に無条件に賛同するとの趣旨の誓約を徴求すべき」との意見すら散見された。しかし，過度の制約は，取締役の任務放棄として，会社法との関係で違法といわざるを得ない。

⑸　任意委員会の運営及び取締役会への答申・報告等

任意委員会たる性質上，その議事運営及び取締役会に対する答申・報告の内容等も，基本的には取締役会決議や社内規定に委ねられる。

開催時期・頻度，招集権者，定足数等は，これら決議や規定で柔軟に定めることができる。委員中に利害関係者が含まれる場合の取扱いも，会社法 369 条 2 項の解釈に必ずしも縛られず，より柔軟な対応も可能と思われる。更に，法定の決定機関でないので，必ずしも多数決等により一定方向の結論を得る必要もないと考えられる。この点は，最終決定権を有する指名委員会等設置会社の指名委員会・報酬委員会と異なる。

例えば，次に以下のような方法で取締役会に答申・報告することも，検討に価しよう。

ア　最終的には多数決により一定の結論を得る。但し，取締役会への答申・報告に際しては，少数意見も付記する。

イ　全員一致を原則とする。但し，努力したにもかかわらず期限までに意見の一致を得られない場合には，審議経過の概要及び各委員の意見を取締役会に報告する。

ウ　複数の候補者に関し多角的評価を加え，当該評価を取締役会に報告する。

エ　全委員から見解を求め，各委員の個別意見をそのまま取締役会に報告する。

任意委員会の主導性を追求する場合，その機能は，事実上，決定機関に近接する。この場合，上記**ア**のような方向性となろう。他方，委員以外の取締役の主体性・能動性に期待する場合には，**ウ**，**エ**のような方向性となろう。但し，留意すべきは，仮に任意委員会で多数決を採用するとしても，少数意見の委員が取締役会で委員会の結論と異なる意見を述べ議決権を行使することは妨げられないことである。仮に，取締役会でも委員会の多数決に従うことを強制する内規等を設けたとしても，取締役固有の権限を奪うものとして，会社法上，無効と解すべきである。任意委員会にどの程度の主導性を求めるかは，各上場会社の自治に委ねられる部分も少なくはない。但し，CEO 選解任は取締役会の根幹的監督権限であることは，常に銘記の必要がある。

(6)　任意委員会の名称

わが国では，一般に役員人事に関する任意の委員会も，指名委員会と称する例が多い。指名委員会等設置会社における法定委員会からの類推と思われる。しかし，会社法上の法定委員会の名称を，機能・役割が大きく異なる任意委員会に使用することの是非は，当然，論議されるべきで，この点に関しては，次の各通りの考え方があろう。

ア　社長人事諮問委員会，役員人事委員会，ガバナンス委員会等の独自名称を用いる。

イ　法定委員会との差異は明確に認識しつつも，投資家・株主等の理解し易さを優先し，一般に普及した指名委員会・報酬委員会との名称を用いる。

アは米国等で比較的多く見受けられるパターンで，海外投資家等からは理解が得やすいかと思われる。他方，その当否は別として，わが国実務では任意の指名委員会・報酬委員会の名称が普及し，CG コード補充原則４－10①もこれら名称を用いる現状も，無視はできない。少なくとも当面は**イ**も許容されると思われる。

(7)　任意委員会の構成

①　独立社外取締役主導の意味

東証が2018年6月1日付で公表したパブコメ回答は，「補充原則4－10①でいう『主要な』の意義について，独立社外取締役の人数や割合，委員長の属性等の具体的な内容については，補充原則4－10①の対象が，『監査役会設置会社または監査等委員会設置会社であって，独立社外取締役が取締役会の過半数に達していない場合』とされている趣旨も踏まえ，個々の上場会社において，指名・報酬などの特に重要な事項について，実効的に独立社外取締役の適切な関与・助言を得られるかとの観点から，合理的に判断されるべきと考えます」とし，具体的な数値基準等は示していない。

他方，2018年CGS研究会報告は，少なくとも，社外取締役過半数又は社外同数で委員長は社外のいずれかの要件は満たすべきことを，繰り返し示唆している。

②　CEOの委員就任の当否

この問題は，「CEOが，後継者計画に関し，どの程度深く関与し主導性を発揮すべきか」とのテーマと密接に関連するが，必ずしもイコールではない。任意委員会の機能・あり方とも関連し，例えば次のような種々の考え方があり得よう。

ア　CEO主導を前提とし，委員会をCEO提案に関するレビュー機関と位置付け，就任を否定（レビュー機関であれば，レビューを受ける立場の者は構成員とならないのが当然）

イ　CEOと社外取締役の協働作業と位置付け，就任を肯定

ウ　CEOと社外取締役の協働作業と位置付けるが，双方の役割・立場の違いを重視し，委員就任は否定

エ　CEOの意見に有用性を認め委員に含めるが，社外主導を維持し，再任・解任等の利益相反が介在する局面では排除

オ　社内事情に精通した委員の有用性は認めるが，利益相反回避の観点からCEO自身の就任は否定（社内者としては，例えば会長の就任

等を考え得る）

カ　独立社外主導を徹底する観点からCEOを含め社内者の委員就任を否定

上記各例中，CEOの主導性が最も強いのが**ア**で，逆に独立社外取締役の主導性が強いのは**カ**であることは，いうまでもない。CGコード，対話ガイドラインとも就任の当否には言及しておらず，2018年CGS研究会報告も就任する場合としない場合の双方を想定している。各上場会社が，任意委員会設置に関する取締役会決議等に際し，自主的に判断すべき事項といえよう。

(8) 監査役員の関与の可否及びその限界

監査役会設置会社と監査等委員会設置会社に分けて検討する必要がある。

① 監査役会設置会社の場合

監査役の関与に関しては，次の各通りの考え方が存在するようである。

ア　監査役の情報収集権に着眼し，積極的関与を期待

イ　社外取締役の人材不足の現状に鑑み，過渡期的に代替機能を社外監査役に期待

ウ　監査役の経営者選定能力に疑問があるとして消極視

エ　監査役が取締役会での議決権を有しないことを重視し全面否定

いずれの方向を採るかは，監査役が取締役会での議決権を有しないことを前提に，委員会の性格（諮問機関・取締役会に付議する選解任議案の提案機関の別），社外取締役・社外監査役の属性・人員構成等を総合的に考慮の上，判断されるべきである。

任意委員会が選解任議案の提案機関である場合，取締役会での議決権がない監査役は，委員でなくオブザーバーに止めるべきであろう。その役割も，選解任議案策定のプロセスをチェックし，候補者の適正性に関

しては，内部管理・内部統制に対する理解度，重大な法令違反の懸念等，監査役独自の視点からの助言に止めることが望ましい。任意委員会の諮問機関的性格が強い場合には，委員就任も必ずしも排除の必要はないと思われる。なお，社外取締役の人材不足を理由に知見を有する社外監査役にその代替を求めることは，万やむを得ない場合の経過措置に止めるべきである。事情が許すならば，当該社外監査役には，社外取締役就任を要望すべきである。

②　監査等委員会設置会社の場合

同委員会には，株主総会に提出する取締役選任議案・報酬議案に関する意見陳述権が与えられている。他方，改定CGコード補充原則4－10①は，監査等委員会設置会社に対しても，独立社外取締役が取締役の過半数に満たない場合は，任意の指名委員会・報酬委員会の設置を求める。意見陳述権と任意委員会との関係については，次の各通りの選択肢が想定されよう。

ア　監査等委員会の意見陳述権を信頼し，別途任意委員会は不設置
イ　監査等委員のみを構成員とする任意委員会を設置
ウ　監査等委員を事実上の母体としその他の取締役も加えて任意委員会を設置（加えられる委員としては，CEO・会長等の社内者と独立社外者の双方を考え得る）
エ　監査等委員会と別個に任意委員会を設置し，監査等委員の一部が委員として参加
オ　監査等委員会と別個に任意委員会を設置し，監査等委員以外の取締役を以て構成

上記のいずれが望ましいかは，各上場会社の監査等委員及び委員以外の取締役の属性等にも係る。**ア**は監査等委員中に経営者選定に十分な知見を有する者（例えば上場会社CEO経営者等）が複数含まれるような場合に限り，可能と考えられる。但し，本則市場上場会社で独立社外取締役の比重が過半数に満たない場合には，CGコード補充原則4－10①

に関するエクスプレインが求められる。**イ**は，2018年CGS研究会報告は選択肢の一つとして認めてはいるが，同補充原則に対するコンプライを偽装するものとの批判を受けるおそれもあろう。結局，望ましいのは，**ウ**，**エ**，**オ**のいずれかの対応と思われる。この内，**エ**，**オ**は監査等委員会の第三者的視点からのレビュー機能を重視する方向性といえよう。

なお，監査等委員は取締役の一員としてCEO選解任議案に関し議決権を有する。従って，前記監査役の場合と異なり，任意委員会の委員として選解任議案策定に積極的・能動的に関与することも妨げられない。

(9) 指名委員会等設置会社における任意委員会の要否

指名委員会等設置会社においても，CEO=代表執行役の選解任は，指名委員会でなく取締役会の権限である。又，会社法は，指名委員会等設置会社に関しても，取締役に占める社外者の比率に関しては，過半数を要求しない。それにもかかわらず，前記CGコード補充原則4－10①は，指名委員会等設置会社には任意委員会の設置を要求せず，取締役中の独立社外者の比率は問わない。このことを，どのように考えるべきか。2018年CGS研究会報告は，法定の指名委員会を後継者計画に関与させる可能性を示唆するが，この場合の同委員会の位置付けは任意委員会と類似する。法定の指名委員会とは別個に，任意委員会（委員の重複は可）を設置することも，もとより可能と考えられる。但し，その必要性には疑問がある。会社法上は必須ではないが，実務上，指名委員会等設置会社のCEO＝代表執行役は，殆ど例外なく取締役の地位を兼任する。CEO就任は取締役の地位を前提とし，取締役に選任されなければ，事実上，CEOには就任できないといえよう。加えて，指名委員会等設置会社の取締役の任期は1年である（会社法332条6項）。これら諸点から，指名委員会では，取締役候補者の決定を通じて，毎年，社外取締役主導でCEOの適格性が判断されているということができる。従って，法定の指名委員会に任意の権限を追加すること，あるいは別途任意委員会を設置することに格別の意義があるかは，疑問である。

4　望ましい権限分配

後継者計画をめぐる最大のイシューの一つが，現CEO等の業務執行サイドと独立性社外取締役等との権限分配といえる。

(1)　2018年CGS研究会報告で示された考え方

同報告も，随所で，権限分配のあり方を，取り上げている。

特に注目を要すると思われる部分を抜粋し，頁順に紹介する。

「社長・CEOは，優れた後継者に自社の経営を託すために，その重要な責務として，自らリーダーシップを発揮して後継者計画に取り組むことが期待される。社長・CEOは，就任したときから，自らの交代を見据えて後継者計画に着手することを検討すべきである」(33頁)

「取締役会（特に執行側から独立した社外取締役）が後継者計画を適切に監督し，後継者指名に至るプロセスの客観性と透明性を高めることは，社内論理や現社長・CEOの主観的・恣意的判断によらず，企業の持続的な成長と中長期的な企業価値の向上のために合目的的な人選が行われることが手続的にも担保されることにつながる」(35頁)

「後継者計画は，企業の持続的な成長と中長期的な企業価値の向上を実現する上で，最適な後継者指名を行うための重要な取組であり，その実効性を高めるという共通の目標に向かって，現社長・CEOら社内者と，指名委員会に属する社外取締役等の社外者が，それぞれの立場から共同して取り組むのが基本である」(37頁)

「指名委員会において，社長・CEOの後継者の指名に加え，その前提となる後継者計画の策定・運用に主体的に関与し，その適切な監督に努めることを検討すべきである」(85頁)

「こうした経営トップの後継者指名の適切性を担保するため，そのプロセスの客観性・透明性を確保することが重要であるところ，指名委員会において，執行側が選んだ社長・CEOの最終候補者を最終局面で追認するだけでは，指名委員会として十分な役割を果たしているとはいい難く，後継者計画のプロセス全般にわたって主体的な関与や適切な監督を行うことが求められる」(85頁)

「指名委員会において，自社を取り巻く経営環境や自社の経営理念，中長期的な経営戦略，経営課題等を踏まえて，「あるべき社長・CEO像」を論議し，明確化した上で，客観的な評価基準を策定することを検討すべきである」(107頁)

「例えば，現社長・CEOの在任期間の途中から後継者計画をスタートし，近い時期に社長・CEOの交代が見込まれている場合には，副社長・COO等の上級役員などから後継者候補を数名程度選出し，その中で今すぐに社長・CEOの役割を担うことができるのは誰かという視点で見極めを行うことになろう。

しかし，このような場合であっても，指名委員会に対して単一の候補者しか示されていないと，比較対象がないため実質的な論議がしにくいことから，可能な限り複数名を後継者候補として提示することが望ましい。

複数の候補者を提示する際，現社長・CEOとしての優先順位を説明することは妨げられないが，その場合は，そうした優先順位を付けた理由を説明することが望ましい」(109頁)

上記の通り，報告は，独立社外取締役専行・社内者全面排除のような極端な方向性は排しCEO関与にも有用性を認めつつ，着実な改革も求めている。基本的方向性としては，概略，妥当と考えられる。以下，報告の考え方を踏まえつつ，段階毎に整理を試みる。

(2) 幹部候補生の選抜・育成に関する権限分配

この段階は日常の業務執行，社員人事教育の一環たる性格が強く，特別な事情がある場合を除き，CEO以下の業務執行者が中心となり策定・運営すべきかと思われる。取締役会決議の要否は，監査役会設置会社の場合，究極的には会社法362条4項の「重要な業務執行」に該当するか否かに掛かるが，実務的には各上場会社の取締役会規則・付議基準に依拠する場合が多いかと思われる。

この段階の計画策定・運用は，日常の業務執行の性格が強いので，社外取締役及び監査役員の関与は，会社法が禁ずる業務執行に該当しないよう注意を払う必要がある。2019年改正会社法348条の2は，社外取締役に関しては，利益相反回避のためにその都度の取締役会決議に基づく除外を認めているが，その範囲は限定的である（**第７章**参照）。

⑶　次期 CEO 候補者の選抜・育成に関する権限分配

この段階では，一応，プログラムの策定と当該プログラムに基づく具体的候補者選定に分けて考えることもできる。しかし，この段階に至れば，両者は極めて密接に関連する。

一応，両者を分けた場合，プログラム策定は，事案の重要性に鑑み，取締役会決議事項か少なくとも報告事項とすることが望まれる。

次に，具体的候補者選定に関しては，次のような諸類型を考え得る。

ア　CEO 単独か CEO・会長（⑶及び⑷において以下，CEO 等）が共同で候補者を提示し，社外取締役がレビュー

イ　CEO 等が候補者の原案を提示し，以後の選定は CEO 等と社外取締役が協働

ウ　CEO 等と社外取締役が協働して原候補者をピックアップし，以後も継続して協働

エ　CEO 等も参画するが，原候補者ピックアップから以後の選定まで社外取締役が主導

オ　原候補者ピックアップから選定までの全段階に関し，CEO 等を含む社内者の関与を排除し，社外取締役が専行

この問題は，ガバナンスンの根幹に係り，後継者計画中，最も論議が集中する点の一つと思われる。上記補充原則４－10①は，独立社外取締役主導の任意の指名委員会等を要求するが，その位置付けは決定機関ではなく諮問機関である。代表取締役の選解任を取締役会の権限と規定する会社法 362 条２項３号等との関係上，当然といえよう。

⑷　新 CEO 選定に関する権限分配

現 CEO が交代する場合，取締役会に提案する新 CEO 候補者の選定に関しては，次のような諸形態が想定される。

ア　現 CEO 等が候補者を提示し，社外取締役がレビュー

イ　現CEO等が候補者の原案を提示し，以後の選定は現CEO等と社外取締役が協働

ウ　現CEO等と社外取締役が協働して候補者を選定

エ　現CEO等も参画するが，社外取締役主導で選定

オ　現CEO等を含む社内者の関与を排除し，社外取締役が専行

前記(3)と並び，ガバナンスの根幹に係る論点といえる。

但し，前記(3)と異なり，現CEOの参画が物理的あるいは状況的に困難な場面も想定される。

前記**1**(3)のコンティンジェンシー・プラン発動時等がその典型といえる。そのような場合，社外取締役の主導性が強まることが予想されるが，状況が許せば会長等が参画しても差し支えないであろう。

5　現CEO交代との不可分密接性

後継者計画のクライマックスである新CEO選任は，いうまでもなく現CEO退任と表裏の関係にある。更に突き詰めると，現CEOの任期・在任期間及び退任の問題に帰着する。

(1)　CEO再任問題の重要性

わが国上場会社では，CEOを含む役付役員の任期は，定時総会終結後の取締役会で選任されてから次期定時総会終結時までの概ね1年とする例が多い。即ち，定時総会で取締役の構成が変わる都度，再選されるのが一般的といえる。

対話ガイドライン3－4は「会社の業績等の適切な評価を踏まえ，CEOがその機能を十分発揮していないと認められる場合に，CEOを解任するための客観性・適時性・透明性ある手続が確立されているか」を問う。この要求は，この再任の機会を捉えて，続投が不適当と判断される際には現CEOを再選せず交代させることで，大半の場合，実質的に実現可能と思われる。

この観点から，まず，毎年の定時総会終結後の CEO 再選のあり方が問われる。この点に関しては，次のような考え方があるかと思われる。

ア　現 CEO も，後継者計画上の他候補者と同列の候補者の一人に過ぎず，他候補者と同様の基準に従い評価され，その結果，最適と判断された場合に限り再任

イ　在任期間の上限＝任期，定年等を内規で規定し，そこに達するまでの間は，何らかのレビューを加え，その結果，特段の支障が見出せない限り再任

ウ　特段任期等を定めないが，在任期間が常識的なレベルに達すれば CEO が自発的に退任することを期待

エ　CEO に続投意思がある限り原則的に再任

上記の内，**ア**は CEO に対する監督の実効性は最も高まる。現に，先進的との評価を得ている上場会社で「会長と社外取締役を構成員とする社長人事委員会を毎年開催し，ゼロベースで最適任者を CEO に選任」との取扱いを確立している例もあるようである。但し，個別上場会社の置かれた状況次第であるが，**ア**の方向性は経営の安定性・継続性を損ない却って株主利益を害する懸念もある。

他方，**エ**はオーナー会社等において多く見受けられるパターンである。結局，わが国上場会社で一般的であるのは，上記**イ**又は**ウ**と思われる。

⑵　再任に関するレビューの要否

次に，前記⑴の**イ**乃至**エ**の場合，再任を妨げる特段の事情の有無に関するレビュー（ある種のネガティブ・チェック）の要否及びこれを行う場合の手続・方法等が論点となる。

その主体としては任意委員会が想定されるが，委員中に CEO 本人が含まれている場合は如何に考えるべきか？　会社法 369 条２項の解釈としては代表取締役選任に際しては候補者本人の特別利害関係性を否定するのが通説ではあるが，原則再任を前提としたネガティブチェック的レビューという性格上，CEO 本人を除外することにも合理性は認められ

よう。なお，このようなレビューが予めビルトインされていると否とを問わず，明らかに再任不適当と考えられる事情があるにもかかわらず取締役会で漫然と再任決議を行うことは，取締役の善管注意義務・忠実義務違反に繋がることに留意を要する。

(3) 期中での交代

CEO が定時総会終結直後の取締役会から次期定時総会終結時までの約１年間であれば，多くの場合，再選を行わないことで不適格者を，事実上，退任させることができよう。しかし，次期定時総会を待つことなく退任させる必要が生じる可能性も，否定できない。不幸にしてそのような事態が生じた際には，まず CEO 本人に自発的退任を求め，応じない場合に，会社法 362 条２項３号に従い解任決議に進まざるを得ないであろう。実務上，同号所定の解任決議に先立ち，取締役会構成員の総意を示す辞職勧告決議を行うことも，十分に想定される。

この狭義の任期途中における CEO 解任及びその前段階としての辞職勧告決議の手続等であるが，この場合も，当初，任意委員会が主導することも，想定される。当事者である CEO が委員である場合の取扱いであるが，まず委員会に出席を求めその弁解等を聴取することは，必須と思われる。事柄の性質上，監査役・監査等委員等の監査役員の意見を徴することも，有効と考えられる。弁明手続を経た後の委員会としての意見形成は，代表取締役解任に特別利害関係を肯定する判例・通説との整合性等を考慮するならば，CEO 本人以外の全委員の総意に基づき形成すべきこととなろう。重ねて留意すべきは，CEO ＝代表取締役の解任（前段階としての辞職勧告決議）は，会社法上，取締役会の根源的かつ究極的な監督権限であり，全取締役が，自らの判断に基づき主体的に対処することが要求されることである。委員以外の取締役も，任意委員会の意見を無条件に尊重するのではなく，委員会の審議の経過・結果を精査し，CEO に対する聴聞等には必ず臨席し，取締役会での討議等にも積極的に参加した上で，議決権を行使すべきである。このことは，CEO の指揮監督下で業務執行を担う社内取締役等も，同様である。更に，委員以外の取締役であっても，状況如何では自ら辞職勧告ないし解任を発議すべき場合も想定される。2018 年 CGS 研究会報告も，その 87 頁で次の通り明言する。

> 社長・CEO の解任は，ガバナンス機能を発揮させる最も重要な局面であり，通常，後継者指名と合わせて検討される必要があることから，指名委員会の社外取締役委員（特に指名委員長）が委員会の招集や取締役会への発議等，主導的な役割を果たすことが期待される。ただし，社内取締役も，取締役である以上，場合によっては発議し，議論するという覚悟が必要である。

繰り返し述べた通り，代表取締役解任決議に際し，本人は特別利害関係者として議決から排除されるとするのが，通説判例である。前段階として辞職勧告決議に関しても，通説・判例等の精神を尊重し，本人は加わらないことが望ましいとは思われる。但し，会社法上，特段の効力が生じない勧告決議であるので，極端に厳密に考える必要もないであろう。

(4) コンティンジェンシー・プラン発動時の対応

2018 年 CGS 研究会報告は，社外取締役が主導する必要があるとする。

確かに，不幸にして CEO が急逝したような場合，その関与は物理的に不可能である。又，大規模事件に多数の取締役が関与し CEO も辞任に至ったような場合，これら関係者が後任 CEO 選任に関与することは，適当とは言い難いであろう。従って，事実上，独立社外取締役のプレゼンスが大きくなる可能性は高い。しかし，事情如何を問わず，社内取締役の関与が一律に排除されるべき理由も存しない。例えば，CEO・会長及び独立社外取締役を構成員とする任意の指名委員会が存する会社で不幸にして CEO が急逝した場合，会長が独立社外取締役たる委員と共に CEO 候補者選定に関与することは，何ら妨げられるべき理由はないであろう。なお，コンティンジェンシーの際にも，特別利害者として排除される者を除き，社内者を含む全取締役が選任の審議・議決に主体性を以て参画すべきことは，いうまでもない。

6　文書とマニュアル化・算式化

(1)　文書化のあり方と制度的位置付け

CEO 選解任に関し客観性・適時性・透明性を要求する CG コード補充原則４－３②，４－３③及び文書化を求める 2018 年 CGS 研究会報告等との関係上，後継者計画，選解任基準等に関しては，何らかの形式・方法により，その社内的位置付けが明確化されることが望ましい。

まず，第一段階，即ち幹部候補生の選抜・育成計画に関しては，その日常業務執行的な性格に鑑み，次の各形態を想定し得る。

ア　取締役会決議

イ　取締役会報告事項（具体的な計画内容等は，取締役会議事録添付資料等として保存）

ウ　経営会議等の任意会議体の決議又は報告事項（具体的な計画内容等は，議事録添付資料等として保存）

エ　任意委員会の決議事項（具体的な計画内容等は，議事録添付資料等として保存）

取締役会決議の要否は，究極的には会社法 362 条４項の「重要な業務執行」への該当性に係るが，実務的には各上場会社の取締役会規則・付議基準等による部分も大きい。この段階から任意の委員会，特に社外取締役を主要構成員とする委員会が主導することの是非であるが，日常的業務執行としての性格が強いことに鑑み，取締役の一人としての立場を超えた関与には，慎重さも求められよう。

次に，新 CEO 就任後における次期 CEO 候補者の選定・育成に関しては，次のような諸類型が想定される。

ア　取締役会決議（社内規程制定改廃と個別計画承認の双方の形態を想定し得る）

イ　取締役会報告事項（具体的な内容等は，議事録添付資料として保存）
ウ　任意委員会の決議了解事項（当該委員会の内規と個別決議事項の双方の形態を想定し得る。その内容等は，委員会議事録又はその添付資料として記録保存すべきであろう）
エ　任意委員会の非公式了解事項
オ　一定範囲の取締役（例えばCEO・会長と社外取締役）の間の非公式の了解事項

CGコード補充原則４－１③も後継者計画等に関し取締役会による適切な監督を求めており，少なくとも報告事項としては同会が関与することが強く望まれる。他方，次期CEO後継者という性格上，取締役会構成員中に候補者として選定予定の者が含まれることは優に想定され，実務上，微妙な問題も生じる可能性もある。実務的工夫としては，例えば「取締役会で社内規程又は計画を承認し，当該規定・計画に基づく候補者選定は任意委員会に委任すること」などを考え得る。

最後に，CEOに選任（再任を含む），解任及びその前提としての辞職勧告決議の段階であるが，これらはいずれも会社法所定の取締役会の最重要決議事項ないしこれに準ずる事項（辞職勧告決議の場合）である。従って，原則的には取締役会決議を経た取締役会規則ないしその細則で規定すべきである。仮に，任意委員会の決議等で補足するとしても，取締役会規則・細則等の範囲内でこれを補足する内容に止めることが望まれる。

⑵　マニュアル化・算式化の功罪

2018年CGS研究会報告は，後継者計画を推奨する重要な点として，現CEO・社長の恣意性を排して，客観的な基準や評価情報を用いる必要性を挙げる。そして，そのことが，企業の中長期的成長のための合目的的な人選を手続的に担保し，加えて株主・従業員等の関係者から選任の適切性に関し納得を得やすくなり，そのリーダーシップの確立に資するとする。

同報告は，かかる観点から，複数の評価項目を例示する。客観的基準を重視する方向性を推し進めると，勢い評価項目も多岐にわたり，評価も上下左右できる限り多方面からということになる。場合によっては，外部コンサルティング機関等による第三者的評価も取り入れるべきこととなろう。

技術的には，各評価項目を点数化し，各項目・各方向の評価点数を項目毎・方面毎の比重に応じて加減し，候補者毎の合計点数を算出すること等も，もとより可能と考えられる。但し，どこまで客観化すべきかに関しては，例えば，次のような種々の考え方があるかと思われる。

ア　合計点数が最多の候補者を自動的に新 CEO として取締役会に提案する。

イ　一定の高得点者（例えば，上位２名）につき定性面を考慮した評価を加えて最終候補者を選定し，取締役会に提案する。

ウ　合計点数は重要な考慮項目の一つとして取り扱うが，選定者（例えば任意委員会）による定性的評価も総合的に加味の上，最終候補者を選定・提案する。

エ　点数は明らかな不適格者が恣意的に選定されることを防止するための指標として用い，最終候補者はあくまで選定者の総合的判断により選定・提案する。

上記いずれの方向性が望ましいかであるが，同種の論議は，今日，各方面で散見される。かつて，ある競技のオリンピック代表選手選考に際し，「メダルが期待できる選手よりも，選考過程の透明性・公平性重視を」との論議がなされた。これに対し，「客観的・一義的なデータのみに依拠するのであれば，プロの選考委員の存在意義がなくなるのでは？」との疑問も呈された。本題にも通じる論議といえる。確かに選定基準の客観化・点数化は，不適任者が恣意的に選定されることの防止には資することは，確かと思われる。他方，本題の CEO 選定の場合，わが国上場会社においては，候補者も取締役であるケースが大半かと思われる。独立社外取締役も含め，選定者と候補者は広義の同僚の関係にある。選定者は，取締役会における発言・報告その他，候補者の職務遂行に接することにより，その能力・人格等を相当程度把握できる場合が多いのではないかとも思われる。かかるわが国上場企業の実情等も考慮した上で，客観的基準・重視を，どのように用いどの程度重視するべきであろうか。筆者の私見は差し控え，読者の皆様，更には上場会社役員各位及び関係者の方々のご判断に委ねたい。

(3)　CEO 候補者育成のあり方

育成手法として，定型化・マニュアル化されたプログラムを用いることの妥当性も，検討の必要がある。プログラムの内容としては，外部コンサルタント・講師等による研修・レクチャー，各種テスト等が想定される。定型的プログラム利用の有効性は，各上場会社の個別具体的状況及び候補者の属性等により，大きく異なるかと思われる。例えば，上場後比較的日が浅いオーナー型会社において，年齢も若く未だ社内外で重要な職責を担った経験のない社長実子が最有力後継者候補と目されているような場合には，外部コンサルタント会社等の策定にかかる厳しいプログラムにも有効性が認められる場合が多いかと思われる。他方，歴史のある上場会社で候補者がいずれも高位の役付役員であるような場合，候補者が外部コンサルタントに提出するレポート作成に多くの時間と精力を削がれ担当業務にしわ寄せが生じるような状況は，やはり如何かと思われる。このような場合は，OJT を主体とすべきかと思われる。この候補者育成手法の手法・あり方に関しても，全上場会社共通の正解というべきものは存在せず，各社の状況・候補者の属性等の個別具体的事情に応じ，自主的に選択の他ないといえよう。

7　株主・投資家との対話と社外取締役

⑴　株主・投資家等との対話と独立社外取締役

そもそも，後継者問題は，フォローアップ会議において，投資家との建設的対話（エンゲージメント）と不可分一体で論議された。

対話ガイドラインも，３－１乃至３－４で「CEOの選解任・育成等」を，３－８及び３－９では「独立社外取締役の選任・機能発揮」を，各々，取り上げている。

又，CGコード基本原則５は，上場会社に対し，持続的成長と中長期的な企業価値向上に資するため，総会以外の場においても株主との建設的な対話（エンゲージメント）を行うことを求め，その主体として経営幹部・取締役を掲げつつも，括弧書きで社外取締役を含むことを明示している。

従来，わが国上場企業で株主・投資家等との対話に当たるのは，専らCEO・CFO等の業務執行者及び財務・広報・IR担当の役職員であった。テーマが直近の財務や事業計画等に限られていた時代であれば，別段差し支えないであろう。

しかし，対話ガイドラインが「CEOの選解任・取締役会の機能発揮等」を５項目中の一つとして独立して掲げていることが象徴する通り，もはや対話のテーマを従来型の財務情報等に限定すべき時代でないことは，明らかである。

改定CGコード・対話ガイドライン等に照らせば，例えば後継者計画・CEO選解任及び密接に関連する任意委員会・独立社外取締役の機能等がテーマの場合，社外取締役としても，等閑視し業務執行サイドに一切を委ねることは，もはや許されないと思われる。これらのテーマは，むしろ社外取締役の方がより積極的・主体的に関与すべきとも言い得る。スチュワードシップ・コードの改定を受け，機関投資家等の建設的対話に関する姿勢も，より積極化しつつある。株主・投資家から，社外取締役に対し，業務執行者から独立した監督者として，上記のようなテーマに関し，対話を求める動きが生じることも，十分に想定される。その際，CEO 等の業務執行者，更にはIR 担当者等の社内スタッフの同席・関与も排し，独立社外取締役のみでの要求される可能性も考え得る。

⑵　株主・投資家の要望への対応

社外取締役としては，株主・投資家の要望を無条件に受容する必要はない。しかし，このような要望を想定し，対応に関する基本方針等は準備しておくことが望まれる。最終的な方針は社外取締役自身が主体的に決定すべきであるが，検討の過程でCEO 以下の業務執行者やIR 部門等の社内関連部署の適切な協力を求めることは，何ら差し支えないというべきである。基本方針等の策定に際しては，社外取締役相互間での協議も不可欠といえる。

社外取締役が株主・投資家等の要望に前向きに対応しようとする場合，実務的に検討を要する点が少なくない。少なくとも，CG コード補充原則５－１②が掲記する５項目との関係は，検討が不可欠である。特に，社外取締役の場合，(ii)の対話を補助する社内関連部門との連携及び(iii)の個別面談以外の対話の手段（投資家説明会やIR 活動）には，注意を要する。大半の場合，限られた社外取締役専属スタッフのみでは対応困難で，CEO 指揮監督下にある関連部署との連携・協力は不可欠と思われる。又，社外取締役として，個別対話よりも投資家説明会・株主懇談会のような形態が好ましいと判断したとしても，会場を借りる予算等もままならないケースも想定される。この意味でも，業務執行部門とも事前に何らかの相談等は行っておくべきであろう。更に，(v)のインサイダー情報の管理に関する方策との関係では，金商法 166 条乃至 167 条の２の狭義のインサイダー規制に加え，平成 29 年金商法改正（同 30 年４月１日施行）により新設された同法 27 条の 36（フェア・ディスクロージャ・ルール）にも十分に留意し，166 条の重要事実・167 条の公開買付等事実に該当しなくても 27 条の 36 第１項所定の重要情報に該当しあるいはその蓋然性ある情報に関しては，不注意に開示することは須らく避ける必要がある。このような面でのフォローに関しても，社内関連部署のサポート等は不可欠と思われる。

(3) 先鋭な投資家も想定し得るが柔軟対応も可

CG コード，スチュワードシップ・コードの改定等を受けて，投資家や株主の一部からは，社内関係者を全面的に排し社外取締役のみでの一対一対応等，先鋭なリクエストがなされることも，想定される。

社外取締役としても，このような要求を無条件に受け容れる必要はもとよりない。対話の必要性・有益性，社外取締役が果たすべき役割等は十分に認めつつも，例えば，次のような柔軟な対応をとることは，差し支えないと考えられる。

ア　任意の指名委員会の委員として CEO と社外取締役が共同対応
イ　会社説明会等に，相互の協議で選定した社外取締役の代表が同席
ウ　社外取締役が主体的に対応するが IR 担当役員等が同席

(4) 株主総会での対応

最近の一連の流れの中で，社外役員，特に独立社外取締役の使命・役割に対する注目も，一層高まっている。総会の席上で，独立社外取締役を指名して，CEO 選解任・後継者問題や，取締役の監督機能のあり方・任意委員会の活動状況等に関し，質問がなされることは，十分想定され，現にその例も少なくないようである。総会での質問に関しては，会社法所定の拒絶事由がない限り，対応は必須である。社外取締役としても，直属スタッフや総会事務局等の助力も得て想定問題作成等の準備を進め，相互の協議により答弁予定者等も内定しておくべきである。

8　子会社 CEO の選解任・後継者計画

完全子会社に関しては**第５章**，上場子会社に関しては**第６章**で，各々，検討する。

9　特則市場上場会社

特則市場上場会社は，本則市場上場会社と異なり，CG コードとの関係では，基本5原則に関してのみ，コンプライ・エクスプレインを表明すれば足る。従って，5原則全てにコンプライを表明したとしても，任意委員会設置に関する補充原則4－10等のリクエストを充足することを，当然に要求されるものではない。基本原則を遵守する限り，相当柔軟な対応が許容される。例えば，CEO 後継者計画に関し CEO・会長と社外取締役が定期的に会合を開催すること，CEO 選解任議案につき全社外取締役に意見提出を求めることをルール化すること等々，個社毎の実情に応じた創意工夫が望まれる。

10　浮上したその他のポイント

(1)　取締役会の構成と機関設計のあり方

CG コード，2度の CGS 研究会報告は，後継者計画の策定及び候補者育成の計画的な遂行確保を，明確に取締役会の監督機能の一環と位置付ける（CG コード補充原則4－1③その他）。取締役会が同計画の関連を含め監督機能を適切に発揮し得るか否かは，その構成と深く関連する。

端的にいうと，構成員中の相当割合が，CEO 等の業務執行者から独立した者であることが望まれる。逆に，CEO 等の指揮監督下で業務執行に当たる社内取締役は，一定割合以下に抑制の必要があろう。更に，後継者計画との関係では，候補者たる高位の業務執行者等を構成員に含むことの妥当性も，将来的には，論議の対象となるかと思われる。2018年 CGS 研究会報告は，かかる観点から，逆に取締役会自身が後継者計画を担うことに疑義を呈している。なお，前 CEO が代表権のない会長・取締役相談役等に就任する場合，社内ではあるが，CEO ないしその指揮監督下で業務執行に当たる者とは，区別して考えるべきであろう。

⑵ 改定CGコード等が推奨する任意委員会は，どのように評価すべきか

任意委員会は，指名委員会設置会社への移行又は独立社外取締役過半数化の代替手段，次善策と考えるべきか。それとも，各会社の個別状況に応じた創意工夫を一定程度可能とする柔軟性をポジティブに評価すべきか。両論があるかと思われる。但し，会社法上，取締役会の監督権限との関係で，任意委員会の権限・独立性強化には限界があることは否めない。将来的には，会社法改正を通じて，定款自治による権限・独立性の強い委員会創設を可能とすることも，検討の俎上に上がる可能性はあろう。

⑶ 社外取締役拡充の要請

独立社外取締役の重要性に関しては，今更，いうまでもない。

その拡充を図る中，まず直面するのが適任者の確保である。

改定CGコード，CGS研究会報告等に照らせば，上場会社では，概略，次のような条件を具備する社外取締役が，一定数，在任することが望ましいと思われる。

ア　会社法所定の社外性はもとより，取引所所定の独立性の要件を充足すること

イ　当該上場会社から経済的に独立していること（この点は，後述する）

ウ　経営を十分に理解し，CEOの選定眼を備え，エンゲージメント等にも積極的に対応する意欲・能力があること

エ　会社法・企業会計・開示等の関連法令・諸制度に関し，一定の知見か少なくとも短期間での学習で修得する潜在的能力を有すること（この要件を欠くと，善管注意義務・忠実義務を果たすことも困難）

改定CGコード，スチュワードシップ・コードの方向性に照らせば，上記**ウ**，**エ**の両要件は極めて重要といえる。企業経営の経験のない学識

経験者等の場合，就任時にこれらの要件を充足していることは，必ずしも期待し難い。会計士・税理士・弁護士等の専門家は，**エ**は充足する場合が多いかと思われるが，**ウ**に関しては疑問が残る。

就任時に**ウ**，**エ**の両要件を具備している蓋然性が高いのは，いうまでもなく上場企業経営者又はその経験者である。2018 年 CGS 研究会報告も，30 頁乃至 32 頁で経験者が積極的に社外取締役を引き受けることを要望し，就任に向けた環境整備等にも言及する。上場会社等の経営者経験者が社外取締役の極めて重要な供給源であることは明らかで，今後，就任の増加が期待される。反面，社外取締役の構成に関しては，出自・性別・経歴等に関しての多様性も夙に強調されている。社外取締役に期待される経営監督的機能と多様性の両立は，今後の検討課題といえる。なお，その属性如何にかかわらず，社外取締役に就任した以上，上記の各要件を可及的速やかに充足すべく真摯に努力すべきは当然であり，そのための適切なサポート体制も不可欠といえる。

⑷　社外取締役の報酬水準と独立性確保

2018 年 CGS 研究会報告も，72 頁及び 73 頁で，報酬のあり方等を取り上げている。その方向性は，社外取締役の役割増大等に見合った水準・内容への引上げを示唆するものといえる。確かに，任意の委員会活動・エンゲージメントへの対応等，社外取締役が担うべき役割は近年著増しており，会計士・弁護士等である取締役からは，「報酬額を所要時間で割ると，到底，採算に合わない金額」との声も，しばしば耳にする。

他方，従来必ずしも十分に論じられていないが，社外取締役の上場会社からの経済的独立性にも，留意を要する。例えば，特定の上場会社からの社外取締役の報酬を安定的・継続的な収入源として期待するような状況の者は，独立性にも疑義が生じる。**第４章**のアンケート回答中にも，「収入依存度 20％以上は要注意。50％以上は赤信号」との指摘も見られる。傾聴すべき意見といえる。

報酬の水準・あり方に関しては，人材確保の要請と上場会社からの経済的独立性確保の両立が課題となろう。

11 小結

後継者問題及びその究極の本質である上場会社取締役会の監督機能に関し，重要と思われるポイントを取り上げ，簡単な整理を試みた。極めて不十分に終わったが，問題の深さと広がりは痛感させられた。「正解は，決して一つと限らないこと」を銘記し，極力，中立的な整理を試みたが，若干，筆者の私見を交えた部分もある。読者の皆様の御理解を願いたい。

第３章

エンゲージメント・株主総会を想定したQ&A

――社外取締役・社外監査役による回答に対応――

1　重点項目たる後継者計画・CEO 選解任

今更，いうまでもないことであるが，CG コードとスチュワードシップコードは，車の両輪ともいうべき不可分密接な関係にある。フォローアップ会議が両コードを所管することが，このことを良く物語っている。

2018 年の CG コード改定に際し，同年６月１日付で附属文書として対話ガイドラインが策定された。そして，対話ガイドラインは，大項目の一つとして，「3　CEO の選解任・取締役会の機能発揮等」を据え，その中の小項目である３－１乃至３－４を「CEO の選解任・育成等」と３－８及び３－９を「独立社外取締役の選任・機能発揮」と各々名付けくくっている。

これら一連の経緯から，改定 CG コードの下においては，本稿のテーマである後継者計画・CEO 選解任及びこれらと密接に関連する取締役会の監督機能等は，投資家との間の建設的対話（エンゲージメント）の最重要項目の一つとして取り上げられることが，予定・推奨されていることは，明らかである。

2　建設的対話における社外取締役の重要な役割

従来，上場会社・投資家間の対話の主たるテーマは，業績・資本政策・経営計画等であり，会社側の主体は CEO・CFO・IR 担当役員等であった。しかし，今後，前記 CG コード改定等を受けて，後継者計画・CEO 選解任等及びこれと密接に関連する取締役会の監督機能等に対する注目度が高まり，内外の投資家等がテーマとして取り上げる傾向が強まるとは，十分に予想される。改定 CG コード・対話ガイドラインも，後継者計画・CEO 選解任等における独立社外取締役の役割を極めて重視している。

今後，社外取締役としても，投資家との対話に積極的に対応することが求められる局面も，想定される。

CGコード原則５は，2018年６月の改定前から対話主体に社外取締役が含まれるべきことを明記していたが，同コードの改定を受け2018年CGS研究会報告76頁は，社外取締役が果たすべき役割を，次の通り，明記した。

> 社外取締役が経営陣との対話や株主等のステークホルダーとの対話を円滑に行うために，筆頭独立社外取締役を選定することを検討すべきである。

同報告は，「取締役会議長や各委員会の委員長が社外取締役である場合，その者が実質的に同様の機能を果たすこともあるので，『筆頭独立社外取締役』といった名称の者を選定することを一概に求めるものではない」として，一定の柔軟な対応も認めている。

しかし，経営陣との対話のみでなく，株主等との対話が社外取締役の一つの重要な役割として明記されたことの意義は極めて大きい。

今後，これら一連の流れを受けて，内外の投資家が，後継者計画・CEO選解任等に関し，社外取締役との対話を求める動きが活発化することも，予想される。又，株主総会の場においても，株主から，後継者計画・CEO選解任等に関し社外取締役を指名して回答を求められるケースが増加することも，十分に想定される。多くの場合，回答義務の範囲内と思われる。

そこで，本稿においても，一章を割き，筆者の知見と経験に基づき，株主・投資家が取り上げる可能性が高いと思われる質問項目を抽出し，ご参考として回答例を示し，簡単なコメントを付した。

３ 本章の方針

後継者計画・CEO選解任及び取締役会の監督機能等に関しては，もとより，種々の考え方があり，その望ましいあり方も，会社毎の個別具体的情況等により，当然，異なる。このため，できる限り，異なった考え方・視点に基づく複数の回答例を示すように努めた。

回答例は，主として両コードの関連原則をコンプライする場合を想定したが，一部，エクスプレインを前提とするものも含めた。なお，回答の具体的言い回し等は，株主総会であるか，投資家との対話の場であるか，又，回答者がCEO等の業務執行者であるか，社外取締役であるかにより，当然異なる。これら，場面毎・回答者毎の回答例をお示しできればより望ましいかとは思われるが，頁数等の関係もあり，要点・基本的な考え方に止めた。読者の皆様のご理解を賜りたい。

なお，投資家との対話や株主総会での回答に臨まれる方々に，一つだけご留意をお願いしたいことがある。それは，ガバナンス，特にCEO選解任等に関しては，種々の考え方が対立し，中には，従来の常識等に照らし，エキセントリックと思われるものも含まれることである。例えば，CEO選解任に関し，現CEO等の社内者の関与を全面排除し社外取締役が専行というような考え方は，わが国の常識とは大きく乖離し，経産省CGS研究会報告等も，決してこのような方向性を支持しない。しかし，一部投資家等の間には，このような考え方を支持する者も散見される。又，社内関係職員のアシストも排して独立社外取締役のみで対話に臨むことなども，多くの上場会社においては非現実的と思われるが，先鋭な投資家等からは，このような要望がなされる可能性も，想定はされ得る。このような従来の常識に照らしエキセントリックと思われる見解・要望等に対しても，頭ごなしに否定したり一笑に付したりすることなく，一つの考え方として存在は認めた上で，自らの見解は堂々と主張することが望まれる。

4 経営幹部候補の育成プラン関係

Q1 将来のCEO候補ともなり得るような経営幹部の育成プログラムは存在するか。

回答例

存在致します。

ア 未だ完成形というべきものは存在しませんが，CGコードに即し，試行錯誤を重ねながら，検討を重ねております。

イ 当社には，従来から経営トップを含む経営幹部の選抜・養成のプログラムが存在し，時機に応じて見直しを加えて参っております。今後も，CGコードの趣旨に即し，適宜改良見直しを加えて参る所存でございます。

コメント

この段階の育成プログラム策定は，改定CGコード，CGSガイドラインにおいても，要求まではされておらず，従って，これが存在しない状況でCGコードに対しコンプライを表明しても不実とはいえないと考えられる。しかし，経産省研究会の席上，複数の委員から早い段階からの選抜・育成の必要性も指摘されている。企業としての持続可性を高める観点からも，この段階からの育成プログラムは有益と考えられる。但し，上場会社の多くにおいては，既に将来の経営幹部育成に関する何らかのプログラム・計画は存在するのではないかと思われる。今後は，改定CGコード，研究会報告等も踏まえつつ，ブラッシュ・アップを図ることが望まれよう。

Q２　当該計画は，取締役会決議を経たか。

回答例

ア　指名委員会への諮詢を経て，取締役会で決議致しております。

イ　取締役会規則所定の決議事項ではございませんが，改定や運用状況を適宜報告し，役員間での情報共有に努めております。

ウ　トップを含む経営幹部の選抜・養成プログラムとして，取締役会決議を経ております。

エ　トップを含む経営幹部の選抜・養成プログラムとして，経営会議に付議の上，取締役会にて報告致し，役員間での情報共有を図っております。

オ　既にトップを含む経営幹部の選抜・養成プログラムは存在しておりますが，今後，CGコード等も踏まえつつ，取締役会への報告等を検討して参りたいと存じます。

コメント

この段階のプログラム・計画は，ガバナンスにも関連はするが，むしろ職員人事上のマター，業務執行の一環たる性格が強いかと思われる。従って，CEO以下が主導すべき業務執行としての性格も強く，取締役決議の要否は「重要な業務執行」への該当性にかかり，取締役会規則等による私的自治も，一定程度は容認されるべきであろう。但し，次の段階である現CEO後継者の選定・育成に直結し将来的にはCEO選任にも繋がるマターであるので，社外を含む全ての取締役会構成員が情報を共有することは望まれる。

Q3 当該計画は，文書化されているか。

回答例

ア 取締役会決議（報告）の際の付議資料として，議事録とともに保存されております。

イ 経営会議への付議資料として保存されております。

ウ トップを含む経営幹部の選抜・養成プログラムは当社内規に基づき管理運営されており，もとより当該内規は当社諸規定集に登載されております。

エ トップを含む経営幹部の選抜・養成プログラムに関しては，従来から種々の会議体等で議論検討され，各種議事録等において記録保存されております。今後，CGコードを踏まえ，記録保存の方法に関し，検討改良を加えて参りたいと存じます。

コメント

各種・計画等の文書化は，2018年CGS研究会報告により俄かにクローズアップされた。しかし，同報告自身も，文書化の方法・あり方に関しては，特定の形態・方法や新規の様式を要求するものでなく，各種議事録への掲載，各種会議体付属資料等としての保存も容認する。文書化の具体的形態・方法等は，情報共有の範囲・秘匿性等も考慮の上，適宜選択されるべきであろう。

Q４　当該計画の概要を説明してほしい。

回答例

ア　人事政策の機微にわたる事項でございますので，回答は控えさせて頂きたいと存じます。

イ　事柄の性質上，詳細は控えさせて頂きますが，基本理念，選抜の対象・方法，養成プログラムの内容等を規定しております。

コメント

改定CGコード原則３－１は，CEOを含む経営幹部の選解任の手続・方針及び当該手続を踏まえての個々の選解任に関し，情報発信・開示の促進をも求めている。しかし，この段階の育成プログラム・計画等は，その対象とはいえないと思われる。**Q５**以下の各質問に関連して述べる通り，公表に伴う各種弊害も予想され，回答差控えも不当とはいえないと考えられる。但し，上記**イ**程度の説明ならば，可能な場合が少なくないかと思われる。

Q５　個別具体的な選抜対象に関する情報はともかく，選抜の凡その基準，対象者の概数等であれば，説明しても差し支えないのではないか。

回答例

事柄の性質上，公表致しますと，社員間で種々，憶測等を呼ぶおそれもございますので，差し控えさせて頂きたいと存じます。どうぞ，よろしくご理解の程，お願い致します。

コメント

この段階での育成プログラムに関しては，本人に自己が対象者であることを感知させない方が効果的である場合も少なくない。更に，具体的基準の公表は，当該基準に適合する外見を作出するための傾向と対策的風潮を育み，明らかに当該基準から外れていると思われる職員の意欲を低下させる等の弊害も予想される。回答差控えも，やむを得ない場合が少なくないかと思われる。

Q 6　当該計画は，どの程度の年齢層からを対象としているか。

回答例

ア　40 台前半の副部長級以上を対象としています。

イ　事柄の性質上，公表致しますと，社員間で種々，憶測等を呼ぶおそれもございますので，差し控えさせて頂きたいと存じます。どうぞ，よろしくご理解の程，お願い致します。

コメント

例えば，将来の経営幹部候補の選抜として極めて常識的な内容であれば，特段の事情がない限り，説明して差し支えないかと思われる。他方，被選抜者本人も予期しないような早期選抜のような場合は，説明により無用の憶測混乱を生じさせ，プログラムの実効性も損なう懸念がある。

Q７　当該計画では，候補者の多様性も考慮されているか。
女性，外人等も含まれているか。

回答例

ア　事柄の性質上，現在の対象者等に関する具体的回答は差し控えさせて頂きたいと存じますが，もとより計画の内容は，性別・国籍等の属性により差別するような内容を含んでおりません。

イ　事柄の性質上，公表致しますと，社員間で種々，憶測等を呼ぶおそれもございますので，差し控えさせて頂きたいと存じます。どうぞ，よろしくご理解の程，お願い致します。

コメント

一般に，**ア**程度の説明・公表であれば，差し支えないようにも思われる。

但し，対象になり得るような女性・外人等が少数の場合，事実上の特定に繋がるおそれもある。

Q８　将来の経営幹部候補育成プログラムの策定・運用に関し，社外取締役はどのような形で関与しているか。

回答例

ア　構成員は１名を除き全て独立社外取締役とする指名委員会にて策定し，取締役会に提示し，原案通り，承認を得ております。

イ　CEOが原案を作成し，社外取締役を過半数とする指名委員会に諮詢し，一部修正の上策定致しました。策定の経緯，内容は取締役会で報告し，社外を含む全役員間で情報・認識を共有しております。

ウ　トップを含む経営幹部の選抜・養成計画は，当社におきましては取締役会決議事項でございます。決議に際しては，もとより社外を含む全取締役が参画し，論議検討を加えております。

エ　CEOが人事部門に指示して作成の上，取締役会に報告し，社外を含む全取締役・監査役で情報を共有しております。

コメント

上記の内，**ア**が最も社外取締役の関与度合いが高く，以下，**イ**，**ウ**，**エ**の順となる。

前記の通り，この段階の育成プログラムは，ガバナンスと無関係ではないが，人事マター，日常の業務執行の一環たる性格が強い。従って，CEO以下の業務執行者主導も，不当とはいえない。但し，次期CEO候補者の選抜・育成，更には将来におけるCEO選任との接続性を考慮するならば，社外者を含む全取締役会構成員との何らかの形での情報共有等は望まれる。

5　次期CEO候補の選定・育成計画

Q９　次期CEO候補者の選定・育成に関する計画は存在するか。

回答例

ア　存在します。

イ　改定CGコードを踏まえ，現在策定中であります。

コメント

CGコードにつきコンプライを表明した以上，不存在で策定に向けた作業も開始もされていないような状況は，好ましくない。**イ**のような回答は，2018年のコード改定直後であればともかく，本則市場上場会社であれば現在ではエクスプレインの一種と考えざるを得ないかと思われる。

Q 10　次期CEO候補者の選定・育成計画は，取締役会・委員会等，どの機関が策定したものか。

回答例

ア　CEOが原案を策定し，各社外取締役から意見聴取の上，取締役会で報告了承されました。

イ　CEOが原案を策定し，指名委員会での審議・加除修正を経て，取締役会に報告了承されました。

ウ　取締役会の諮詢に応じ，指名委員会が策定し，取締役会で報告了承されました。

エ　当社社内規定である指名委員会規則に従い，同委員会が策定致しました。

コメント

選定・育成計画をどの機関が主導すべきかは，まさにガバナンスの根幹に関る問題であり，各上場会社の個別具体的情況に応じ，結論は当然に異なる。CGコード，2018年CGS研究会報告ともに，この意味での多様性自体は否定していないと考えられる。但し，CGコードにつきコンプライを表明した以上，この選定・育成計画に関し，少なくとも取締役会の監督が全く及ばない状況は好ましくない。

上記各回答例中，最も従来型のCEO専権を色濃く残すのが**ア**で，本則市場上場会社であれば改定CGコード補充原則4－10①との関係では，エクスプレインとなる場合が多いかと思われる。**イ**，**ウ**，**エ**と順次監督機能が強まるといえる。

この選定・育成計画の策定に関し，CEO等の業務執行者の関与を排除し全て独立社外者に委ねることは，多くの場合，現実性に乏しい。特に現CEOは，自らの後継者選定に関し責任を負うと考えられ，関与の排除は逆に責任放棄に繋がる。2018年CGS研究会報告も，現CEOの関与を積極的に要請している。

Q 11　次期 CEO の選定・育成計画は，文書化されているか。

回答例

ア　取締役会報告の際の資料として保存されております。
イ　取締役会規則の細則として，諸規定集に掲載されております。
ウ　指名委員会の議事録として存在致します。
エ　指名委員会の内規として諸規定集に掲載されております。
オ　現在，CGS 研究会報告等を踏まえ，文書化を検討中であります。

コメント

前記の通り，文書化は改定 CG コード自身でなく，2018 年 CGS 研究会報告の要請である。同報告も，文書化は求めるが，その方法・あり方に関しては多様性を肯定し，各種議事録への掲載，各種会議体付属資料等としての保存も容認する。具体的形態・方法等は，情報共有の範囲・秘匿性等も考慮の上，適宜選択されるべきであろう。

Q 12 次期CEO候補者の選定・育成計画の概要を説明してほしい。

回答例

ア まず，選定に至る手続の時系列を規定し，当社CEOに求められる資質，候補者の資格，候補者選定方法，選定された候補者に対するトレーニング，最終候補者の絞込み等を規定しています。

イ 経済産業省コーポレート・ガバナンス・システムの在り方に関する研究会報告等を参考に策定し，候補者選定とOJTを中心とするトレーニングを二本柱としております。

コメント

計画の性質上，選定と育成が二本柱となることはいうまでもない。

Q 13　次期 CEO 候補者の選定・育成計画は，不意に新 CEO 選定が求められる緊急事態も想定しているか。

回答例

ア　計画は，一応，一定の時間軸により進行することを想定はしております。しかし，当初想定の時間軸通りに進行しないケースももとより考えられますので，一定のフレキシビリティももたせた内容となっております。

イ　候補者として選定された者は，即 CEO としての登板を求められても十分に堪え得る能力と資質を有していると考えられます。どうぞ，ご安心下さい。

ウ　もとより発生しないことを切望致しますが，万が一，緊急事態が発生した際には，独立社外取締役が主導し，外部招聘も含めて適任者を算定することとなります。

コメント

2018 年 CGS 研究会報告等では主として不祥事等のいわゆるコンティンジェンシーが想定されているようであるが，この他にも現 CEO の健康上の理由等から想定よりも早く交代が求められる事態も考え得る。企業としての持続性維持の観点からは，不意の CEO 降板に対する備えは，必須といえよう。

Q 14 次期CEO候補者の選定は，いずれの機関が主導したのか。

回答例

ア　当初現CEOが選定し，各社外取締役の意見を徴して，確定致しました。

イ　現CEOが提案し，指名委員会のレビューを経て，確定致しました。

ウ　当社内規に従い，指名委員会において委員である現CEO，会長と社外取締役３名が協議検討を重ね，選定致しました。

エ　当社内規に従い，指名委員会において，社外取締役たる委員が中心となり，現CEOの意見も徴して選定致しました。

オ　社外取締役のみを構成員とする指名委員会において，選定致しました。その過程において，現CEOを含む社内者・業務執行者の関与は，厳しく排除致しております。

コメント

CEO選解任等と共に，ガバナンスの根幹に関るテーマである。

上記の内，最もCEOの主導性が強いのが**ア**であり，本則市場上場会社であれば，改定CGコード補充原則４－10①に関しては，エクスプレインとなる場合が多いかと思われる。順次，**イ**，**ウ**，**エ**，**オ**と下るに従い，社外取締役の関与・主導性が強まる。いずれの方向性を採用するかは，少なくとも現行会社法制の下では，各会社の私的自治に委ねられるべき部分が大きい。選定・育成計画に基づく具体的な候補者選定に関しては，前記計画自体の策定と異なり，取締役会への上程も，必ずしも必要とは思われない。選定された候補者が取締役会構成員である場合も多く，このような場合は逆に上程も憚られよう。従って，具体的な候補者選定が取締役会構成員中の一部により行われ，情報共有の範囲もこの一部の者に限られること自体は，差し支えないと考えるべきであろう。

CGコード・2018年CGS研究会報告等との関係では，取締役及び取締役会の監督機能，特に社外取締役による監督の実効性確保に対する一定の配慮も求められる。

この観点から，従来からのあり方を踏襲し現CEO主導で選定する場合にも，独立社外取締役も，一定程度，関与することが望まれる。

他方，上記**オ**のような強度の独立社外取締役主導は，一部投資家等の間では支持する意見も見られるが，CEOの責任として後継者問題への積極的関与を求める前記研究会報告等とは，整合的とは言い難い。

Q 15 選定・育成計画に従い次期CEO候補者として何名がノミネートされているか。

回答例

ア 事柄の性質上，詳細は控えさせて頂きます。

イ 事柄の性質上，詳細は控えさせて頂きますが，随時，数名がノミネートされております。

ウ 新CEO就任直後には５～10名程度をノミネートし，順次絞り込んで参る所存でございます。

エ 現CEO就任から未だ日が浅く，現在，候補者選定中であります。

コメント

従来のわが国の常識では，CEOの平均的在職年数等の関係から，次期CEO候補者は，自ずと一定以上の職位の役付役員に限定される傾向が強い。内部登用を原則とする以上，必然的な傾向というべきである。2019年CGS研究会報告等の考え方を取り入れて主要子会社経営陣等を含める場合も，内部登用の一形態というべきであろう。

なお，2018年CGS研究会報告は，次期CEO選任を現CEOの専権化せず取締役会の監督機能の実効性を高める観点から，最終段階まで候補者を一人に絞り込まず複数名を残存させることが望ましいとの趣旨も示唆している。上記回答中，**イ**，**ウ**はかかる方向性かと思われる。なお，同年CGS研究会報告も現CEOが候補者の優先順位を付すること自体は否定せず，順位付けの理由の説明を求めている。

Q 16　ノミネートされた次期 CEO 候補者は，役付取締役，執行役員のいずれのレベルか。

回答例

ア　事柄の性質上，詳細は申し上げられませんが，当社における CEO の平均的在任期間中を考慮致しますと，自ずから一定以上の職位の役員に絞られる傾向はございます。

イ　原則的に執行役員以上を対象としております。

ウ　候補者は，内部者に限らず外部者も含んでおります。内部者に関しましても，年次・現在の職位等に過度に固執せず，若手等も選定致しております。

コメント

上記回答中，**ア**，**イ**は，内部登用を原則とするわが国企業の実情に即した内容といえる。これに対し，**ウ**は，ある種，先進的とも思われる近年のガバナンス論議に即した内容であり，機関投資家等からの受容性は高いかと思われる。

Q 17　ノミネートされた次期CEO候補者に女性・外国人・外部者等は含まれているか。

回答例

ア　事柄の性質上，回答を差し控えさせて頂きます。

イ　事柄の性質上，現在の対象者等に関する具体的回答は差し控えさせて頂きたいと存じますが，もとより計画の内容は，性別・国籍等の属性により差別するような内容を含んでおりません。

コメント

特定人の選定の有無に繋がるような質問であり，最大限でも上記**イ**程度に止めるべきである。

Q 18　次期 CEO の選定・育成計画は，現在，どの程度の段階まで進行しているか。

回答例

ア　事柄の性質上，具体的な回答は差し控えさせて頂きます。

イ　現 CEO 就任後，未だ日も浅く，端緒に就いたところであります。

ウ　事柄の性質上，詳細は控えさせて頂きますが，現 CEO 就任後○年が経過し，相応の進捗は見ております。

エ　既に公表しております通り，当社では，内規により，役付役員の定年制を設け，CEO の場合，70 歳に達した直後の定時総会までとされております。現 CEO は，○年○月○日生まれで，○年 6 月総会を以て定年を迎える予定です。このことを前提に，着々と進めております。

コメント

この質問は，見方によっては暗に現 CEO の交代時期を問うものとも考え得る。

リップサービスは避け，慎重に回答すべきである。但し，回答例**エ**のように，公表された内規等により定年，在任期間上限等が規定されている場合は，そのことを前提に回答すべきである。

Q 19 次期CEO候補者のトレーニング方法は。

回答例

ア　性質上，OJTが基本となります。必要に応じ，外部講師等による講習等のメニューも付加しております。

イ　候補者に対しては，CEOが厳しいミッションを優先的に与えております。又，社外取締役も，取締役会等の席上において，その資質を確認するような質問を積極的に加える等，全取締役会一体となり，育成に取り組んでおります。

ウ　定評のある外部コンサルタントと契約し，その全面的バックアップを得ながら，先端的なプログラムを策定致しました。各種メソッドによるディスカッション，外部講師を招聘しての講習，在外研修等，多様性に富んだ内容となっております。

コメント

後継者問題が論議されて以降，後継者育成に関しては，各方面から種々のメニュー，プログラムが提案されている。かかる傾向に即すのであれば，**ウ**のような内容となろう。マニュアル重視の考え方といえるが，ある意味でアップ・ツー・デートであり，説明責任を果しやすい面もあるかと思われる。他方，わが国企業の実情に照らせば，候補者の多くは，高位の役付役員と思われる。

これらの者にとり，現在の職務を適正に遂行すること自体が，次に向けた貴重な布石と考えられる。取締役会等の場で，所管する業務に関する報告等を適切に行い，社外取締役を含む構成員からの質問等に対応することも，もとよりその重要な職務である。これら業務執行を担う取締役としての本来的職務と別個に策定されたメニュー・プログラムの消化に精力と時間を削がれ，本来的職務が犠牲となるようでは，本末転倒といわざるを得ない。やはり，あくまで基本は OJT というべきであろう。次期 CEO 候補者の育成は，若手・中堅社員を抜擢して行うような研修・育成プログラムとは根本的に異なる面があることは，否定できないであろう。

但し，経験不十分なオーナー社長の親族を次期 CEO 候補者とするような場合等においては，**ウ**のような方法も検討に値しよう（**第6章**参照）。

6　CEOの選任・再任手続

Q 20　CEOの選任手続は，確立されているか。

回答例

ア　取締役会規則の細則として存在致します。

イ　指名委員会が取締役会に対し選任を提案する際の手続に関する非公式な内規として存在致します。

ウ　未だ完成形というべきものは存在しませんが，CGコードに即し，試行錯誤を重ねながら，検討を重ねております。

コメント

CGコードに対しコンプライを表明した以上，選任の手続・方針が何ら確立していない状況は好ましくない。2018年のCGコード改定から相当の日時が経過した現在では，**ウ**はエクスプレインの一類型と解さざるを得ないであろう。

Q 21 CEO選任手続は，取締役会・委員会等，如何なる機関により策定されたものか。

回答例

ア CEOが発案し，社外取締役・社外監査役からの意見聴取・外部専門家によるレビュー等を経て，取締役会決議により確定致しました。

イ CEO選任・再任は，申すまでもなく取締役会決議事項でございますので，取締役会規則の細則として規定致しました。まず，CEOが原案を作成し，指名委員会での論議検討を経て加除修正の上，取締役会決議により確定致しました。

ウ 指名委員会規則として，取締役会決議により制定致しました。

エ 指名委員会の内規として，同委員会の席上，社外取締役を中心とする委員全員により了解され，取締役会に報告・了承されました。

オ 独立社外取締役のみを構成員とする指名委員会において委員全員の了解により策定され，取締役会に報告・了承されました。

コメント

CEOの選任は，監査役会設置会社・監査等委員会設置会社はもとより，指名委員会等設置会社においても，取締役会決議事項である（会社法362条2項等）。

ここにいうCEO選任も，あくまで「取締役会に提案するCEO候補者の確定」を意味する。

上場会社等がCGコード等に対応するには，この会社法の大原則を根本としつつ，同コードが求める独立社外取締役を中心とした取締役会の監督機能の実効性確保にも配慮が望まれる。上記の内，社外取締役等の監督機能が弱いのが**ア**で，本則市場上場会社であれば，多くの場合，改定CGコード補充原則4－10①との関係では，エクスプレインとなるかと思われる。順次，**イ**，**ウ**，**エ**，**オ**の順に強くなる。CEO選任が取締役会の根幹的監督権限である以上，同会の決議を要する取締役会規則等の社内規則の形式が望ましく，決議を行わない場合も，最低限，報告・了承は必要と考えられる。

Q 22　当該手続は，文書化されているか。

回答例

ア　取締役会規則の細則として諸規程集に登載されております。

イ　取締役会への報告の際の資料として，取締役会議事録に付属して保存されております。

ウ　指名委員会の議事録に記載されております。

コメント

各種・計画等の文書化は，2018年CGS研究会報告を経て俄かにクローズアップされた。しかし，同報告自身も，文書化の方法・あり方に関しては，特定の形態・方法や新規の様式を要求するものでなく，各種議事録への掲載，各種会議体付属資料等としての保存も容認する。文書化の具体的形態・方法等は，情報共有の範囲・秘匿性等も考慮の上，適宜選択されるべきであろう。

Q 23 当該手続の概要を説明してほしい。

回答例

ア　CEOが候補者を特定して指名委員会にレビューを求めます。同委員会におきましては，委員長以下の独立社外取締役たる委員で審議を重ね，委員長が取締役会において審議の経過及び結果を報告致します。

イ　指名委員会において，構成員であるCEO・会長と社外取締役が後継者計画において最終的に残った複数の候補者に関し，適正性を多角的に検討し1名に絞った上で，取締役会に提案致します。

ウ　指名委員会の委員は，CEO以外全員が社外取締役でございます。委員会におきましては，CEOも委員の一人として参加は致しますが，審議は委員長以下の独立社外取締役が主導致します。取締役会での提案説明等も，独立社外取締役である委員長が担当致します。

エ　指名委員会において，後継者計画で最終選考に残った者を中心に独立社外役員のみで検討し，最終的に1名に確定の上，取締役会に提案致します。取締役会の席上では，指名委員長である社外取締役が提案理由の説明等を担当致します。CEOを含め，指名委員以外の取締役は，極力，同委員会の提案を尊重することがいわば暗黙の了解と考えられます。

コメント

ガバナンスの根幹中の根幹に関る質問で，後継者問題中，最も見解の分かれるテーマといえる。**ア**が最もCEOの主導性が強く，順次，**イ**，**ウ**，**エ**と下るに従い，独立社外取締役の関与度が強くなる。

如何に外取締役主導を追求するとしても，代表取締役・代表執行役の選解任は取締役会の根幹的な監督権限であり，取締役会構成員である以上，主体的・能動的に関与することはその基本的任務である。たとえCEO指揮監督下の社内取締役といえども，この任務を放棄することは許されるべきでない。この意味で，**エ**の「極力尊重」は，いわばギリギリの限界線ともいえる。近年のガバナンス論議進展の過程で，「指名委員以外の取締役からは同委員会の決定に反対しない旨の誓約を徴収すべき」との趣旨の見解も一部には散見されたが，現行会社法を前提とする限り，強行的に規定された基本的任務の放棄を求めるに等しく，適法とは言い難い。

改定CGコード補充原則4－10①も，任意委員会を「諮問委員会」と位置付けており，同委員会の機能が**ア**のような受動的レビューに止まったとしても，同原則をコンプライしたと評し得ないことはない。しかし，2018年CGS研究会報告は，任意委員会の機能がかかる受動的なレビューのみに止まることは好ましくないとする。他方，同報告は，後継者問題に関するCEOの積極的関与も求めており，**エ**のような極端な独立社外取締役主導は，この方向性にそぐわないかと思われる。

なお，**第4章**掲載のアンケート結果では，圧倒的に**イ**のような考え方を支持する回答が多数を占めた。

Q 24　当該手続は，CEO選任の他，再任＝続投の可否を判断する際にも及ぶのか。

回答例

ア　現行の手続は，取り敢えず，新任を想定したものと致しました。再任の可否に関する判断の取扱いに関しては，今後，必要に応じ検討して参りたいと存じます。

イ　既に公表致しております通り，当社は内規でCEOの任期を原則５年と定めております。定款に従い，毎年の定時総会終結直後の取締役会では代表取締役の選任決議が行われますが，５年の在任期間に達するまでは，特段の事情がない限り，再選を原則とする取扱いが確立しております。

ウ　CEOの在任期間が一定以上の年数に及んだ場合には，更なる続投の可否が指名委員会において利害関係がある現CEOを除く委員により審議検討されることとなっております。

エ　CEOが自らの再選を希望する際には，事前に指名委員会に諮詢致します。CEOも指名委員会の構成員ではありますが，自らの再任に関しては，利害関係がありますので，議事には参画致しません。指名委員会での検討の経過及び結果は，その委員長から取締役会に報告されます。

オ　再任も，会社法上，申すまでもなく代表取締役選任決議に該当致します。指名委員会におきまして，独立社外取締役のみにより現行CEOも候補者の一人として他の候補者と共にその適正性に検討を加え，その結果，次年度CEOとして最適との判断に至った場合には，取締役会に提案致します。

カ　当社は指名委員会等設置会社であり，ご承知の通り，全取締役の任期は１年でございます。理論的にはともかく，実務的にはCEOの地位は取締役であることが前提と思われます。指名委員会における毎年の取締役候補者決定に際し，実質的に CEO としての再任の可否も判断されていると存じます。

コメント

わが国の上場会社では，CEO を初めとする役付役員選任に関しては，再任続投の場合でも，毎年定時総会終了直後の取締役会で逐一選任決議を行うことが，いわば通例化している。この法形式を重視するならば，毎年の定時総会前に CEO 選任の検討手続を繰り返すべきとの考え方も生じ得る。仮に，このような考え方を徹底すると，CEO の任期は実質面においても１年となる。かかる取扱いは，CEO に対する監督機能の徹底という観点からは好ましいとの評価もあり得よう。上記回答例中，**エ**，**オ**はこのような考え方に立脚するものといえる。しかし，次問でも取り上げる通り，CEO の任期を実質面でも１年とする場合，再任は可能であっても，経営の継続性・安定性を害する可能性は否定できない。

やはり，過度な長期在任に伴うマンネリ化・癒着等の弊害にも考慮しつつ，この継続性・安定性とのバランスの上で適切な在任期間が画定されることが望まれる。

Q 25 CEOの在任期間は，どの程度が望ましいと考えるか。

回答例

ア もとより個別具体的な状況如何であり一概には申上げられませんが，過度に長期にわたりますと経営の弛緩・マンネリ化の原因ともなり，逆に短過ぎますと，経営の継続性・安定性を害するおそれがあると思われます。

イ 当社は，内規でCEOを含む役付役員の定年を規定し，CEOの場合，65歳でございます。CEOの就任年齢との関係で，自ずと在任期間は一定範囲に収斂すると存じます。

ウ 当社は，内規でCEOの在任期間を○年までと規定しております。万が一，やむを得ない事由により延長の必要が生じました場合には，指名委員会で独立社外取締役たる委員のみで慎重に検討を重ね，全委員が賛同した場合に限り，取締役会への提案が可能となります。この場合，取締役会決議にも，慣行的に全取締役の賛同が要求されます。

エ 当社定款により，監査等委員を除く取締役の任期は１年と規定されております。CEOの地位はもとより取締役であることを前提と致します。取締役の任期が１年である以上，当然CEOの在任期間は１年が原則であり，仮に同一人物が続投する場合も，任期満了＋新任と考えております。

コメント

前問に関しても述べた通り，この問題に関しては，やはり健全なバランス感覚が求められよう。上記の**ア**，**イ**，**ウ**の各回答は，いずれもこのバランスを重視した内容といえる。但し，CEOに関し定年制・任期制等を導入することの是非は，考え方が分かれ得るところであり，正解は上場会社毎の個別具体的事情によっても異なり得る。一方，上記**エ**は，CEOに対する監督機能を徹底するものといえるが，結果的に会社・株主の利益に資するかは，各社の実情に即し判断の必要があろう。なお，実質的には**ア**，**イ**，**ウ**のような運用がなされているにもかかわらず，法形式面を過度に重視し**エ**のような回答を行うことは，ややミスリーダスかと思われる。

Q 26　本総会後の取締役会で現 CEO が再選されると推測するが，如何なるプロセスで再任可と判断されたか。

回答例

ア　現 CEO は就任後○年と比較的日も浅く，特に再任に疑問を抱かせるような事情もございません。経営の安定性・継続性の観点からも，再任が望ましいとするのが，取締役会構成員の一致した考え方でございます。

イ　長期在任による弊害には留意の必要もございますが，経営の安定性・継続性の観点から，特段の事情がない限り，一旦選任された CEO は一定期間続投することが望ましいというのが，取締役会構成員の一致した考え方です。但し，遺憾ながら再任が相応しくないと判断される状況も，想定されないわけではございません。CEO の再任に際しては，念の為，指名委員会が内規に即し現 CEO は利害関係ありとして除外の上，ネガティブチェックを加え，その結果が取締役会に報告されます。取締役会は，その報告を受けて再任を決議致しており，今回も同様であります。

ウ　取締役会規則の細則に従い，取締役会から指名委員会に対し，現 CEO の再任の可否が諮詢されました。指名委員会におきましては，当事者である現 CEO を除く構成員により審議検討が加えられ，その経過及び結果が取締役会に報告されております。

エ　当社は，指名委員会等設置会社でございます。今回，指名委員会が決定した取締役候補者は○名ですが，その内，社内者は現会長と現 CEO の２名のみで，他は全員社外でございます。現 CEO も指名委員の一人ではございますが，当社におきましては，現指名委員を取締役候補者とする際には本人は退席する取扱いが確立しており，現 CEO ももとより例外ではございません。指名委員会の審議の過程において，現 CEO の適格性は実質的に判断されていると存じます。

コメント

わが国では，定款上では CEO の任期は，定時総会終結直後の取締役会から次期定時総会までの約１年とする例が多いが，実質的な在任期間に関しては，上記回答例**ア**のような考え方が一般的かと思われる。但し，不可抗力的事由がないにもかかわらず業績不振が続く状況や，いわゆる不祥事が続発する状況において，CEO が漫然と居座るような事態は，好ましいとはいえない。今後，再任に際しても，例えば上記回答例**イ**のようなチェックの導入も，論議の対象となろう。改定 CG コード補充原則４－３③も，CEO がその任に堪えない場合の機動的解任を求めており，同原則につきエクスプレインしない限り，何らかの対応も必要かと思われる。特に，現 CEO の在任期間が長期に及ぶ場合には，その必要性が高まるかと思われる。なお，回答例**エ**は専ら法定の指名委員会等会社を念頭に置いたものであるが，上記のような状況であれば，指名委員会において社外取締役を中心に実質的に再任の可否が判断済みと考えて差し支えないであろう。

Q 27 新任CEOの最終選考は，どのような基準により行われるのか。

回答例

ア 現CEOが，役付役員を一定年数務めた者の中から，相応の業績を挙げかつ在任中に格別の問題を生じさせていない者を，当初選考致します。その際には，当然の事ながら，当社中期経営計画達成に関する期待度も，考慮致します。その上で，全社外取締役を構成員とする諮問委員会による業績面・能力面及びネガティブポイント等のチェックを経て，最終的に候補者として確定致します。

イ 指名委員会において，委員である会長・現CEOと社外取締役が協議を重ね，最終候補者として残った者を対象に選考を進めます。この選考に際しては，本人の近年の実績に基づく業績評価，ネガティブポイントのチェックに加え，中期経営計画達成に関する期待度も重視致します。

ウ 当社指名委員会は，他項目から構成されるCEO候補者評価基準を策定しております。最終選考に際しては，その全項目に関し多方面からの評価を集計し，所定の方法により点数致します。これら項目中には，もとより加点ポイントも減点ポイントも，ございます。加点ポイントの総計から減点ポイントの総計を控除した残額が最大の者を自動的に選定する取扱いとし，公平性維持に努めております。

コメント

次期CEO候補者は，多くの場合，当該会社の高位の役付役員と思われる。このクラスの者の中から１名を選定する場合，従来の常識に照らせば，選定者の主観を交えた全人格的，総合的判断とならざるを得ないであろう。

他方，改定CGコード，2018年CGS研究会報告等から窺える通り，次期CEO選定に際しても，恣意性を排除し，株主・投資家に対する一定の説明責任を求める動きも強まっている。少なくとも，選定に際し如何なる点を重視したか等に関しては，一定の説明が必要であろう。上記回答例中，**ア**，**イ**は，従来からの実務を踏襲し，かつ最近の潮流にも一定の配慮を加えたものである。他方，**ウ**は，徹底して恣意性排除・公平性維持を追求するものといえる。公平性を重視し評価する向きもあるかとは思われるが，筆者としては，次の経営を託すCEO選定に極端なマニュアル主義を持ち込むことには，懐疑的である。

Q 28 新 CEO 就任予定の○○氏は，副社長時代，△△部門を担当していた。近年のセグメント情報を見るに，同部門の業績は，他部門に比し必ずしも芳しいとはいえない。新任 CEO 最終選考の際，候補者時代の業績を十分に反映しているのか。

回答例

ア　当社役付役員として相応の業績をあげられなかった者がCEOに選任されることは，もとより，社内的にも対外的にも納得は得られないと存じます。現CEOによる指名委員会への提案，指名委員会における審議検討，同委員会の提案を受けての取締役会での審議の各段階において，当然，従前の業績は極めて重視されます。ご指摘の通り，副社長時代に○○氏が担当した△△部門の数値自体は，他部門との比較において，確かに必ずしも芳しいものではございませんでした。しかし，この間の△△部門を取り巻く事業環境は極めて厳しく，同業他社の大半が赤字に陥った中，当社は辛うじて黒字を維持することができました。このことは，担当副社長であった○○氏の力によるところも大きいと考えられます。加えて，○○氏は，内部管理・内部統制の重要性も深く認識し，重視する姿勢を示しております。これら諸点を総合し，候補者中，今後の当社の持続的成長に最も貢献が期待できる人物と判断し，選定致しました。

イ　当社次期CEO計画におきましては，候補者の評定に関し，多岐にわたる評価項目と多方向からの評価が規定されております。その中に，当然，業績に関連する項目は数多く含まれておりますが，同時に内部管理・内部統制も重視しております。新任CEO候補者を最終的に取締役会に提案するのは指名委員会ですが，候補者絞込みの段階で報酬委員会・監査役会とも連携し必要な情報の入手に努める他，上下左右，多方面にも評価を求めております。これら多項目にわたる多方面からの評価を総合した結果，○○氏が最も高い評価を得た次第でございます。

コメント

一昔前であれば，現 CEO の専権で何ら問題がなかったと思われるが，今日の情勢に照らせば，後継者計画等に即した説明が求められよう。あくまで一つの参考として，上記回答例を示しておく。

Q 29 CEOの再任の可否を判断する基準はあるか。特に業績・株価等に連動させる項目はあるか。例えば，ROE，ROA等の財務数値が一定基準以下の場合，CEOの再任が拒絶されるルールは存在するか。

回答例

ア 基準等の詳細なご説明は差し控えさせて頂きますが，在任中の業績等は，再任の可否に関する判断に，当然，反映されることとなります。

イ 在任中の業績は，再任の可否の判断に，当然，適切に反映されます。但し，特定の財務指標に機械的に連動させることも，適切とは言い難いと存じます。

ウ 詳細なご説明は差し控えさせて頂きますが，継続的に業績不振の場合に再任を拒否する内容は含んでおります。

コメント

近年の一連のガバナンス論議の過程で，わが国企業の資本効率の悪さが夙に指摘され，その向上を図るべく，ROE，ROA等の各種財務指標重視の経営が声高に叫ばれた。一部議決権行使助言機関の中には，ROE等の特定の指標が連続して一定水準に満たない場合には，経営トップの取締役再任議案への反対を推奨しようという動きも散見された。経営者において，株主から負託された株主資本を有効に活用せず漫然放置することは，もとより好ましくない。他方，特定の財務指標を物神化し数値向上のみに専心すること，例えばROE向上に急な余り，収益性が期待できる事業への投資を検討することなく，増配や自社株取得に走ることなども，健全と言い難い。種々の考え方があり得る論点であり，上記回答例もあくまで一例，参考例に過ぎないが，株主・投資家からの質問は受ける可能性があり，自社なりの整理は必要と思われる。

Q 30

監査役は，情報収集権を有し，多くの社内情報に接していると思われる。
新任CEOの候補者選定，現CEOの再任の可否の判断に，監査役の意見等は反映されているか。

回答例

ア　取締役会での議決権を有しない監査役が委員として指名委員会に参加することは，適当でないと思われます。但し，指名委員会での審議に際し，監査役会に対し情報提供を求め，必要となれば意見を求める場合もございます。

イ　新任・再任を問わず，代表取締役選任議案が上程された際には，必ず監査役に対し，意見陳述を求めます。監査役は，主として，当該候補者に関し軽微でない法令・定款違反等の懸念がないかとの観点から，意見陳述を行います。

ウ　指名委員会の性質上，監査役はその構成員とはなっておりません。但し，監査役中の１名がオブザーバーとして出席し，適宜参考意見も述べております。

エ　監査役会を代表し，○○監査役が指名委員となり，監査の過程で得た情報に基づき，取締役たる委員とは異なる視点から選考に関与致しております。

コメント

監査役がCEOの選解任に積極的・能動的に関与すること，例えば任意の指名委員会の委員に就任することに関しては，社外取締役の人材不足等から代替策・次善策として肯定する見解，更には監査役の情報収集機能に着眼して積極的に肯定する見解等も散見される。一方，監査役員に徹することを求め取締役会での議決権も否定する現行会社法との見解から，消極的な見解もある。上記回答例中，**ア**，**イ**，**ウ**は，いずれも監査役の情報収集機能に着眼しつつも，会社法の監査役の位置付けを尊重したものといえる。他方，**エ**はやや積極的なニュアンスの回答といえる。なお，監査役の任意委員会への委員としての参加の妥当性は，当該委員会の性格，より端的には取締役会に提案する候補者選定機関か，あるいはレビュー機関かにも影響される。仮に後者であれば，参加して差し支えないかと思われる。

7 CEO 解任手続

Q 31 CEO の解任手続は，確立されているか。

回答例

ア 会社法に強行法規として規定された代表取締役の解任手続が基本となると存じます。代表取締役の解任は，取締役会のいわば根幹的権限の一つであり，純理論的には社外・社内を問わず，又業務執行者たると否とを問わず，全ての取締役会構成員が随時，提案可能と解されます。そして，当該解任決議において，当事者たる代表取締役は議決権を有しないとするのが判例・通説であります。あくまで，この会社法の規定をベースとしつつ，更に加えるべき点がないかを，改定 CG コード等に即し，検討して参りたいと存じます。

イ CEO の解任に関しましては，会社法 362 条 2 項 3 号が取締役会の権限として明確に規定し，同 369 条 2 項により対象者である CEO は特別利害関係者として決議から排除されることとなります。会社法上の手続は，このように明確でありますが，解任はあくまで究極の手段であります。

そもそも，当社におきましては，CEO の任期は，定時総会直後の取締役会から次期定時総会直後の取締役会までの 1 年であり，再任に際しても，所要のチェックは行っております。それでも，万が一，CEO がその任に堪えないと思われる事態が生じました場合におきましては，自発的に辞任を求めるのが先決と存じます。当社は，指名委員会規則で，CEO がその任に堪えないと判断される場合，CEO を除く全委員の一致により取締役会に辞職勧告決議を提案すべきことを，規定しております。提案を受けた取締役会では，取締役会規則に従い本人からの弁明を聞いた上で，特別利害関係人である本人を除き，勧告案の採決を行うこととなります。辞職勧告案が可決されたにもかかわらず本人がこれに従わない場合には，止む無く会社法362条２項３号の解任決議に進むこととなるかと思われます。但し，説明申上げました当社の体制に照らし，ここまで至る可能性は少ないと存じます。

ウ　全委員を社外取締役とする指名委員会は，随時CEOの解任を取締役会に提案する権限を有しております。同委員会は，CEOにその任に堪えないと思われるような事象が生じた場合はもとより，他により適任者がいると判断した際には，遠慮なくこの権限を行使致します。当社は，全取締役から，指名委員会の提案に無条件で賛同する旨及び指名委員以外の取締役はCEO解任を発議しない旨の誓約を得ております。

コメント

改定CGコードにコンプライを表明した以上，CEO解任のあり方に関しても，何らかの検討は必要であろう。

その一方，繰り返し述べた通り，究極のケースでのCEO解任手続は，代表取締役解任手続として，会社法362条２項３号等で明確に規定されている。まず，関係者としては，このことを銘記する必要がある。他方，わが国上場会社においては，CEOの任期は１年とする例が圧倒的に多いと思われる。まず，不適任と思われる者を漫然と再任しないことが先決といえる。次に，不幸にして直近の定時総会を待たず即時の退任を要するような事象が生じた際にも，まず自発的に辞任を求めるのが，通例であろう。本人が，どうしても自発的辞任の要請に応じない場合，究極の手続として，会社法362条２項３号等に従い解任の手続に進むこととなろう。

上記回答例中，かかる現行会社法の建付け及び実務の現状に最も即したのが**イ**といえる。**ア**，**イ**に対し，**ウ**は独立社外主体の究極の姿を示すものといえる。この場合，CEO の地位は専ら独立社外取締役の判断に依拠することとなり，モニタリング機能は最大化する。現に，上場会社においても，これに近い取扱いを実践した実例もあるようである。但し，現行会社法の基本原則に反するといわざるを得ず，2018 年 CGS 研究会報告も，このようないわば社外取締役専行は，肯定していない。

Q 32　当該手続は，取締役会決議を経たか。

回答例

ア　代表取締役の解任手続に関しましては，会社法362条2項3項，369条2項等に明確に規定されております。当社では，その前段階と致しまして，指名委員会の提案に基づく辞職勧告決議を想定しており，関連する事項を，取締役会規則細則に規定しております。

イ　代表取締役の解任手続は，根幹部分は会社法で強行的に規定されており，手続自体を取締役会で決議する余地は少ないと思われます。但し，仮に，万が一CEOがその任に堪えないと思われるような状況に至った場合のコンティンジェンシー的な非公式の内規を指名委員会が策定し，取締役会に報告されております。

ウ　会社法の規定が基本でございます。会社法を踏まえて実務的対応に関しましては，指名委員会の独立社外取締役間のコンティンジェンシープラン的な了解事項であり，CEOを含め他の取締役には開示されておりません。

コメント

再三，述べた通り，少なくとも現行法下では，会社法362法2項3号等の強行規定から離れることは，許されない。上記回答例は，いずれも会社法を大前提とした上での指名委員を中心とする独立社外取締役とその他の取締役会構成員との権限配分等に，一定の調整を加えようとするものである。上記の内，**ア**は現行会社法の基本的建付け及び確立された取締役会運営の実務と最も整合的と考えられる。他方，**ウ**は現行法上許容される範囲で最大限，独立社外取締役主導を追求したものといえる。

Q 33　当該手続は，文書化されているか。

回答例

ア　取締役会規則細則において，辞職勧告決議関連事項と合わせて規定されております。

イ　指名委員長が取締役会で報告した際の議事録付属資料として保存されております。

ウ　独立社外取締役間の非公式な了解事項という性格上，会社の文書としては保管されておりません。今後の取扱いに関しましては，CGS 研究会報告等も斟酌し，検討して参りたいと存じます。

コメント

繰り返し述べた通り，文書化は，2018 年 CGS 研究会報告が推奨するものであるが，その方法・態様等は原則的に各上場会社の自主性に委ねられるべきと考えられる。

Q 34 解任手続において，社外取締役の独立性・主導性と利害関係者の排除は，如何に確保されているか。

回答例

ア　会社法362条２項３号に基づく解任決議はもとより，その前段階における辞職勧告決議に際しましても，CEO本人は特別利害関係人に該当し議決権を有しないと考えられます。これら決議の取締役会提出に至る過程において，社外取締役はその職責を積極果敢に果たして参る所存でございます。但し，万が一，不幸にしてこれら決議が現実に取締役会に提出されました際には，社内も含めた全取締役が主体性を以て当該決議に臨むべきことは，申すまでもございません。

イ　会社法369条２項に従い当事者である代表取締役は特別利害関係人として議決から排除されるとするのが，通説・判例でございます。そして，事柄の性質上，独立社外取締役が主導性を発揮すべきと考えられ，当社指名委員会の非公式内規も，これを促す内容となっております。他方，当事者以外は，たとえ社内出身の業務執行者であっても，不幸にして万が一の事態が生じました場合には，一切の私情等を挟むことなく，敢然と取締役としての職責を全うすることが求められることは，申すまでもございません。

ウ　当社内規におきまして，CEOの解任及びその前提となる辞職勧告決議の取締役会への提案は，独立社外取締役のみを構成員とする指名委員会の権限となっております。指名委員以外の取締役は，指名委員長の提案説明を受けてその当否を判断することとなりますが，いわば極限的な状況における委員会の判断は，多くの場合，尊重されることとなると思われます。

エ　ご承知の通り，当社は法定の指名委員会等設置会社で，取締役中，社内者はCEOの他，会長と常勤監査委員の３名でCEOの指揮監督下にある者は含まれず，他は全員社外でございます。不幸にして，万が一，CEO の辞職勧告・解任が付議されるに至りました場合，本人は特別利害関係者として決議から除外されると考えられます。

コメント

繰り返し述べた通り，CEO= 代表取締役（代表執行役）の選解任は，取締役会の根幹的監督機能である。取締役である以上，社内者・業務執行者を含め，この権限を適切に行使すべき職責を負う。2018 年 CGS 研究会報告も，委員以外の取締役も，時として主体的に解任を発議する必要があることを，明言する。特別利害関係者として排除されるべきは，決議対象である CEO 本人のみと解すべきである。会社法上の原則はこの通りであるが，現実問題として，CEO の指揮監督下にある業務担当取締役は，辞職勧告・解任に向けた行動を主導的・積極的に取りにくい状況も想定され，独立社外取締役の主導が期待されるところである。上記回答例中，**ア**乃至**ウ**は，会社法の原則を大前提としつつも，かかる実情にも考慮したものである。この内，**ア**，**イ**は会社法の原則により忠実なものといえる。これに対し，**ウ**は会社法が許容する範囲内で，最大限，独立社外取締役の機能を重視したものである。

他方，**エ**は，取締役会中に CEO の指揮監督下にある者が皆無という最も監督機能が徹底した状況を想定したものである。本問の論議を突き詰めていくと，取締役会構成のあり方にまで行着く可能性もある（**第８章**参照）。

8　権限配分等

Q 35　今総会でCEOが交代するが，新CEOを最初にノミネートしたのは前CEO，社外取締役のいずれか。

回答例

ア　最初に現CEOが指名委員会に提示し，同委員会で内規に従い社外取締役が中心に厳重にレビューを加え，その結果適任との結論に至り，取締役会に答申致しました。

イ　最初に現CEOが指名委員会に複数の候補者を提示し，同委員会で委員としての現CEO・会長と3名の社外取締役が検討を重ね，最適任者1名に絞り，取締役会に提案致しました。

ウ　指名委員会が昨年策定した後継者選定基準に基づきノミネートした複数の候補者につき，委員である現CEO・会長と3名の社外取締役が協議検討を重ね最適任者1名に絞り，取締役会に提案に致しました。

エ　現CEOが数年前に後継者候補として提示した数名の役員に関し，指名委員会・報酬委員会が常時その執務状況等を注視し，両委員会の社外取締役のみで協議を重ね最適任者1名に絞り，取締役会に提案致しました。

オ　候補者選定は，専ら社外取締役のみからなる指名委員会が行い，この段階ではCEOを初めとする業務執行者は完全に排除されております。指名委員会は，最終的に選考した候補者を取締役に提示致します。

コメント

ガバナンスの根幹中の根幹であり，最も意見が分かれるテーマの一つといえる。上記回答例中，最も CEO 等の業務執行者の主導性が強いのはいうまでもなく**ア**であり，**イ**，**ウ**，**エ**，**オ**と下るに従い社外取締役の関与度が高まる。**エ**，**オ**のように現 CEO を含む業務執行者を排除する方向性は，利益相反排除等の徹底は図られ，一部にはこれに近い選考方法を採用する上場会社も散見されるようである。しかし，通常の状況で，後継者選定に際し現 CEO の関与を全面的に排除することが果たして適切であるかに関しては，相当異論も多く，2018 年 CGS 研究会報告も，ここまでの社外主導は推奨していないと考えられる。当面のわが国において，比較的受容度が高いのは，**イ**又は**ウ**のような方向性であろう。

Q 36 指名委員以外の取締役は，新CEOの選任に関し，どのように責任を果すのか。

回答例

ア　当社指名委員会は，CEOの提案に係る候補者のレビューを使命としております。CEO選定の取締役会に先立つ事前説明会には全取締役が出席し，CEOの提案説明及び指名委員長の審議結果報告を受け，熱心に討議を重ねます。委員以外の取締役中にも，上場会社役員経験者，大手監査法人元代表等の企業経営に知見のある者も含まれ，CEO選定決議に，主体的・能動的に参画しております。CEO提案に取締役の多くから賛同が得られない場合は，当然再提案を求めることとなり，事前説明会の日程等も，そのための時間的余裕も見込んで設定しております。

イ　当社の指名委員会は会長と社外取締役２名で構成されていますが，社外者２名はいずれも上場会社CEO経験者乃至現任の会長で，その判断には委員外の取締役も大きな信頼を寄せています。他方，CEO等の代表取締役の選解任は，取締役会の根幹的権限であり，取締役である限り，指名委員でなくてもその基本的職責は果たす必要があると考えられます。委員以外の取締役も，取締役会及びこれに先立つ指名委員長による説明会において，委員会作成の資料精読・委員長への質問等を通じ，委員会の審議の経過・手続の適切性及び判断内容の合理性をチェックし，その職責を適切に果たしております。

ウ　会社法上，代表取締役たるCEOの選解任は取締役会の権限ですが，昨今のガバナンス論議等に照らし，社内者は極力排除されることが望ましいと考えられます。当社におきましては，社外者主体の指名委員会の提案に関し，CEO以下の社内取締役は，ほぼ無条件に賛同することが，内々の了解事項となっております。

エ　当社は，指名委員会等設置会社であり，取締役中，社内者は現CEO，代表権なき会長，常勤監査委員の３名で，次期CEO候補者は含まれておりません。新CEO選任に際しては，候補者と目される高位の執行役に関し，報酬委員会・監査委員会の各委員長に対し，所要の報告を求め，必要に応じその資料も閲覧致します。それらを踏まえた上で，取締役全員で最終候補者の絞込みを行い，指名委員会はその結論を尊重し，株主総会に提案する新任取締役候補者に選定致します。

コメント

上記回答例中，**ア**乃至**ウ**は，いずれも監査役会設置会社，監査等委員会設置会社を前提とするものである。この場合，会社法の原則に最も忠実であるのは**ア**であろう。しかし，CEO提案に係る候補者の差替え要求は，社外者といえども，容易でない場合が少なくないかと思われる。これに対し，**イ**は会社法の大原則と近年のガバナンス論議の中で浮上した公正性の要請との調和を志向するものといえよう。**ウ**のような方向性は，一部では支持する論議も散見されるが，取締役としての職責放棄に繋がる危険性もある。CEO，指名委員以外の取締役にその職責を全うさせる観点からは，CEO候補者を取締役会ないしその直前の経営会議等で初めて提示するのではなく，上記**ア**，**イ**にあるように一定の時間的余裕を以て事前説明の機会を設けることも，検討に値しよう。

他方，**エ**は指名委員会等設置会社で，かつ監督と業務執行の分離が相当徹底したケースを想定したものである。将来における一つのモデル型かと思われる（**第８章**参照）。

Q 37 当社は，指名委員会等設置会社であるが，代表執行役としてのCEO選任は，指名委員会等の委員会でなく，取締役会の権限である。別個，CEO選解任に関する委員会を設ける考えはないか。

回答例

ア 会社法上，CEOを取締役中から選任することは強制されておりませんが，実務的には取締役の地位が前提と思われます。当社指名委員会は，もとより社外取締役が過半数であります。又，委員の大半は報酬委員を兼務し，各執行役の業績等にも精通致しております。指名委員会における取締役候補者決定が，CEOとしての適格性判断を含んでおり，別途委員会を設置することは，屋上屋を重ねる結果となるかと思われます。

イ 当社取締役会の構成員中，社内者は会長，CEO，常勤監査委員の3名であるのに対し，社外者は6名と社外主体でございます。社外者中3名は上場会社CEO経験者であり，かつ社外取締役は全員2以上の委員に就任しCEO候補者に関する情報にも精通しております。かかる構成に照らし，当社取締役会は，CEO選解任に関し，公正かつ客観的な判断を行う能力を優に有していると存じます。

ウ 当社取締役会の構成員は，社内はCEOと常勤監査委員の2名，社外は5名で内3名は上場会社CEO経験者で，1名は大手監査法人代表社員経験者でございます。加えて，当社におきましては，7名の取締役全員が指名委員・報酬委員に就任し，報酬査定等を通じ，次期CEO候補者と目される上位の執行役の実績・執務状況等を十分に把握しております。

当社取締役は，かかる知見に基づき，指名委員たる資格において，執行役中から新CEOとして選定した者を，新規取締役候補者として指名することとなります。かかる当社の取締役会構成に照らし，別途，任意の委員会を設置する意義は乏しいと思われます。

コメント

改定CGコード補充原則4－10①は，任意委員会設置の検討を求めるが，対象は監査役会設置会社・監査等委員会設置会社で，いずれも取締役会構成員の過半数が社外でない場合である。指名委員会等設置会社は，対象外である。同委員会等設置会社においても，CEO選解任等を検討する任意の委員会を設置することは差し支えないが，法定の指名委員会・報酬委員会の強力な権限等との関係で，却ってガバナンスを錯綜させるおそれもある。上記回答例中，**ウ**は，監督と業務執行の分離が徹底した究極のモニタリングボードを想定したものである（**第8章**参照）。

Q 38　当社の指名委員会は任意であるので，委員会の意見が取締役会で変更される可能性もあるのではないか。

回答例

ア　会社法362条２項３号は，代表取締役の選解任を明確に取締役会の権限として位置付けております。この会社法の規定の下では，任意の指名委員会の機能はあくまで取締役会に提案される代表取締役選解任議案の審議検討でございます。提案された選解任議案に対する賛否は，もとより各取締役が主体的に判断すべき事項でございます。当社では，取締役会において代表取締役を内定するに先立ち，全取締役が参加し，指名委員会の提案につき検討する場を設けております。

イ　指名委員以外の取締役も，取締役会の構成員とである以上，委員会に任せきることなく主体的に関与する責任がございます。取締役会構成員に対しては，指名委員長から審議の経過及び結果が詳細に報告され，委員以外の取締役がこれをレビュー致します。その結果，委員会の審議経過・結果を適切と判断すれば，提案に賛成することになります。

ウ　指名委員以外の全取締役から，指名委員会の決定を極力尊重する旨の内諾を得ております。委員外の取締役において，指名委員長の説明等を受け，委員会の審議手続が適正で提案された候補者を不適格と判断すべき事由がない限り，賛成に回ると思われます。

エ　全取締役から，指名委員会の決定に無条件で賛成する旨の誓約書を徴求しております。

コメント

上記回答例中，代表取締役選解任を取締役会の根幹的権限とする現行会社法に忠実であるのは，**ア**又は**イ**と考えられる。他方，**ウ**は，現行会社法が許容する範囲で最大限，任意の指名委員会の権限を尊重しようとするものといえよう。これに対し，**エ**は法定の指名委員会（指名委員会等設置会社の同委員会）に限り，しかも取締役候補者選定に関してのみ認められた専権を，任意委員会による代表取締役選解任にまで拡大しようとするものといえる。一連のガバナンス論議の中で，かかる方向性を肯定する論調も，一部には散見された。しかし，立法論としてはともかく，現行会社法の下では，委員外取締役の任務放棄に繋がるといわざるを得ない。仮に，取締役中に代表取締役選解任に関与させるのが不適当と思われる者があるならば，かかる者を取締役に選任したこと自体の可否が問い直されるべきであろう。

Q 39 当社は，監査等委員会設置会社であるが，別途，任意の指名委員会も存在する。
CEO 選解任に関する両者の権限分配は。

回答例

ア 会社法上，監査等委員会の権限は，株主総会に提出される取締役選任議案・報酬議案策定の手続的・内容的適切性のレビューにあるとするのが，多数説と理解しております。他方，当社指名委員会は，社内規定上，取締役会に提出される代表取締役の選解任議案を主体的・能動的に策定する機能を有しており，両者の機能は根本的に異なります。

イ そもそも，会社法上，監査等委員会に付与された権限は，株主総会に提出される取締役選任議案・報酬議案に関する意見陳述権でございます。他方，指名委員会は，取締役会に付議される代表取締役の選解任議案の主体的・能動的な策定であり，両者の権限・位置付けは，明らかに異なります。但し，両者の機能には関連性もございますので，一部委員が兼任する等，適切な連携も図っております。

ウ 両者の機能は密接に関連致しますので，指名委員会も監査等委員を中心に構成しています。ちなみに，当社監査等委員は，上場会社 CEO 経験者２名，大手監査法人元代表社員及び当社前副社長兼 CFO の４名で構成され，ガバナンス・役員人事に関する高い識見を有し，これまでも当社のガバナンスを主導して参りました。

コメント

平成 26 年会社法改正により監査等委員会制度が導入された際，監査等委員会の意見陳述権を法定の指名委員会・報酬委員会の専権に準じた強大な権能と解する説も有力であった（もとより，反対説も存した）。仮に監査等委員会の多くが現実にかかる機能を発揮していたとすれば，同委員会設置会社においては任意の指名委員会，報酬委員会等は不要かと思われる。しかし，CG コード補充原則４－10①は，監査役会設置会社に加え監査等委員会設置会社に関しても，取締役会構成員中，独立社外取締役が過半数に満たない場合においては，任意の委員会の設置を求める。根底には，監査等委員会が役員選解任・報酬決定等に関し主導的役割を発揮することは期待し難いとの認識があるといえよう。監査役員に対し，CEO 選定を含めた役員人事を主導する能力・識見を当然に要求することには無理があることは，率直に認めざるを得ないであろう。2018 年 CG コード改定に先立つフォローアップ会議においても，監査等委員会にかかる機能を求めることを疑問視する見解も示されている。本問に関しては，かかる一連の経緯，特に監査等委員会の意見陳述権に関する認識が平成 26 年改正当時と現在では，相当程度変化していることを踏まえた回答が求められる。上記回答例中，かかる昨今の状況・CG コード改定の経緯等に照らし，一般的に受容性が高いと思われるのは，**ア**，**イ**のような考え方といえよう。

昨今の状況を踏まえてもなお監査等委員主導を貫徹するのであれば，上記**ウ**のように，CG コード改定に至る経緯で示された懸念を払拭するような説明も加えることが望まれる。ここまでの説明が可能であれば，敢えて任意委員会を設けず，「当社監査等委員会は，取締役人事・報酬決定に関し，主導的役割を発揮しており，屋上屋を重ねる任意の仕組みは不要」として，補充原則４－10①に関しエクスプレインすることも，十分，考慮に値しよう（**第６章**，**第８章**参照）。

Q 40 当社指名委員会の委員中には，監査役も含まれている。取締役会での代表取締役選解任に際し議決権を有しない監査役が委員として関与することは，会社法の原則と整合しないのではないか。

回答例

ア　当社の指名委員会は，あくまで取締役会に提出される代表取締役選解任議案の適正性を維持確保するために，当社内規に基づき設置された諮問機関であり，決定権を有するものではございません。選任議案の適正性を判断する過程において，情報収集権を有し多くの情報に接している監査役の意見を徴することは有益と判断し，構成員に加えております。

イ　当社の指名委員会は，明確に諮問機関として位置付けられております。かかる性格に照らし，監査役である委員が，取締役たる委員とは異なる視点，主として内部管理・監査的な観点から候補者を評価することは，有益と存じます。

ウ　委員である○○氏は，△△社の社長・会長を歴任し，業界団体のトップ，経済団体の幹部も務め，経営者の選定眼に長けており，指名委員として相応しいと存じます。

コメント

監査役に関しては，その情報収集権に期待する向きも一部には存する。但し，この権限もあくまで監査の手段であり，経営者としての手腕等の評価のためのものではない。監査役の参加の正当性は，任意の委員会が決定機関でなく，諮問機関であることに求められるべきである。上記回答例中，**ア**，**イ**は，かかる観点を明確に打ち出している。他方，**ウ**は社外監査役の個人的属性に着眼して本来社外取締役に期待すべき機能の代替を求めるものといえる。わが国の実情に照らし，やむを得ない面もあるが，経営者の選定眼に富むような人物は，できる限り社外取締役への就任を求めるべきである。

Q 41 CEOの選解任に関しては，本源的に利益相反状態にある社内者は厳しく排除し，候補者選定段階から社外取締役のみで行うべきでは。

回答例

ア　CEOの選任に関しては，事柄の性質上，事情に精通した社内者が主導する必要があると考えられます。当社におきましては，現CEOが発議し，独立社外取締役が過半数を占める指名委員会のレビューを経て，取締役会に付議する定めとなっております。解任に際しては，会社法の規定に従い当事者たるCEOは特別利害関係者として取締役会決議から排除されることになると存じます。

イ　当社におきましては，CEOの選任・解任に関しましては，当初検討から取締役会への提案に至るまでの一切の検討手続に関し，CEO等の社内者の関与を厳しく排除し，独立社外取締役のみからなる指名委員会が専権的にこれを担います。指名委員会の提案を受けての取締役会決議に際しては，CEOを含む委員以外の取締役は，ほぼ無条件に当該提案に賛同することが，非公式の了解事項となっております。なお，解任に際しては，会社法の規定においても，当事者たるCEOは特別利害関係者として取締役会決議から排除されることになると存じます。

ウ　ご承知の通り，当社は指名委員会等設置会社で，取締役会構成員中，社内者はCEO，会長，常勤監査委員の３名のみで，他は社外でございます。次期CEO候補者たる執行役等は，取締役会構成員に含まれておりません。又，現CEOの再任も，指名委員会による取締役候補者決定に際し，実質的にレビューされております。CEOも指名委員の一人ではありますが，当社指名委員会は，委員は自らの取締役再任の審議には関与しない取扱いが確立し，利益相反排除に努めております。

コメント

会社法上，CEO の選解任はいうまでもなく取締役会の根幹的権限であるが，他方において，わが国上場会社の取締役会においては，候補者自身又はその指揮監督下にある者が多く含まれる場合も少なくない。ここに利益相反の懸念が生じ，2018 年 CGS 研究会報告も，繰り返しこのことを指摘している。

監査役会設置会社ないし監査等委員会設置会社を前提として，利益相反排除を重視しその徹底を期そうとするならば，上記**イ**のような方向性に帰着するかと思われる。但し，会社法が代表取締役選解任を取締役会の根幹的権限として規定した趣旨との整合性が問題となる。加えて，「果たして，社内事情に精通した社内者を全て排除して，妥当な人選を行い得るか」も疑問である。上記 CGS 研究会報告も，社内者排除には懐疑的である。同報告書等に即し，わが国の現状も考慮して落としどころを探るとすれば，上記**ア**のような考え方に落ち着くかと思われる。

代表取締役（又は代表執行役）の選解任を取締役会の根幹的権限とする現行会社法の下で，利益相反排除の徹底を期するのであれば，取締役会構成員中において，CEO 候補者（特に新任 CEO 候補者）と目される者やその影響下にあると思われる者の比重をできる限り抑制し，独立社外者の比重を高める他ないかと思われる。この意味で，上記**ウ**は一つの究極形を示すものと考えられる。

Q 42 CEO選任に関する取締役会決議に際しては，候補者本人は特別利害関係者として排除すべきではないか。

（監査役会設置会社，監査等委員会設置会社の場合）

回答例

ア　会社法369条２項の解釈論と致しましては，代表取締役選任決議に際し候補者本人は特別利害関係人に当らないとするのが通説であり，当社もこの考え方に従っております。

イ　CEO選任に際し，候補者本人との間には，広義の利益相反性，社会通念的意味での利益相反性は認められると思われます。当社におきましては，取締役会提案に先立つ指名委員会の審議段階では，たとえ委員であっても候補者本人は参加致しておりません。他方，会社法369条２項との関係では特別利害関係には当たらないとするのが通説と考えられ，当社もこれに従っております。

コメント

会社法369条２項の解釈論は選任に関しては特別利害関係を否定する方向でほぼ固まった感もあるが，近年のガバナンス論議進展との関係では，若干，微妙な面もある。上記回答例中，**ア**は比較的淡泊であり，これに対し**イ**は若干踏み込んだ感があるが，いずれにしても心して回答すべき論点である（**第７章**参照）。

Q 43　当社指名委員会には，役員以外の外部有識者も含まれている。株主に対し責任を負わない者がCEO選解任に関与することは不適当ではないか。

回答例

当社の指名委員会は，あくまで取締役会に提出される代表取締役選解任議案の適正性を維持確保するために，当社内規に基づき設置されたレビューのための機関であり，決定権を有するものございません。かつ，その内部構成員はCEOといずれも上場企業経営者の経験のある社外取締役２名であり，優に主体的・能動的に判断する能力も備えていると存じます。他方，外部委員の○○氏は，ガバナンス・役員人事に関するコンサルタントとして定評があり，国内のみならず海外の事情にも，精通しております。当社指名委員会の位置付け・構成に照らし，○○氏のような外部有識者を加え専門的見地からの助言を得ることは，別段，差し支えなく，かつ有益と思われます。

コメント

代表取締役の選解任は取締役会の根幹的権限であり，その取締役以外の者が主体的・能動的に関与することは，同法の根本原則にもとり，取締役の任務放棄に繋がるおそれがある。2018年研究会報告等も，外部有識者を委員に加えることには，一般に懐疑的である。指名委員会で多数決が行われその結果が事実上の最終決定に近いような機能（会社法の大原則に照らし，明らかに不適切）を有する場合に，外部有識者が委員の一人として一票を行使するような状況は，論外といえる。他方，取締役がその権限を行使するに際し，最終的には自らの責任で判断することを大前提として，外部有識者・外部機関から一定の助言を得ることまで，排除されるものではない。そして，取締役会構成員の属性等の如何では，指名委員会の審議に際し，外部専門家・コンサルタント等からの助言を希望することも，理解できないわけではない。この観点から，委員会の場に出席を求めることも，絶対的に排除する必要まではないかと思われる。但し，仮に外部有識者等に出席を求める場合にも，取締役たる委員とは一線を画し，オブザーバー的位置付けを明確化することが望まれる。

Q 44 当社には，任意の委員会として指名委員会と報酬委員会の両者があるが，CEO の評価・選解任に関し，両者はどのように連携・協働しているか。

回答例

ア　両委員会の機能は，密接に関連する部分があり，取締役○○，○○の各氏は，双方の委員を兼任致しております。更に，両委員会は，常時，必要な情報を交換する等，緊密な連携に努めております。

イ　当社におきまして，指名委員会は，総会に付議すべき社外取締役候補者を選定し取締役会に提案すること及び CEO が提示した社内取締役候補者に対するレビューを行い取締役会に報告することを主たる任務とし，委員中，社内者は会長のみで，他は全て独立社外取締役でございます。他方，報酬委員会は，会長，CEO 及び３名の独立社外取締役から構成され，個別取締役の報酬決定及びその前提としてその業績等の査定を担い，CEO 及び次期 CEO 候補と目される役付取締役の能力・職務遂行状況等を熟知しております。この両委員会の機能に鑑み，当社におきましては，CEO 候補者選定は主として報酬委員会が担当し，指名委員会の意見も求めることと致しております。

コメント

CG コード補充原則４－10①，対話ガイドライン３－２は，いずれも CEO の選解任を任意の指名委員会が所管することを想定していると思われる。他方，指名委員会等設置会社における法定の指名委員会の専権事項は，あくまで株主総会に提案する取締役候補者の決定であり，代表執行役の選解任は所管事項でない。そして，実務的観点からも，CEO 選解任に関しては，報酬査定を通じて日常的に業務執行者の評価に当っている報酬委員会がより適任との見解もある。上記回答例中，**イ**

はかかる考え方に立脚するものといえる。このような考え方を推し進めると，指名委員会は監督機関構成員としての取締役候補者選定にその役割を特化する方向となり，勢い委員構成等における社外取締役の比重もより高まる傾向となるかと思われる。

9　機関設計

Q 45	CEO の選解任，報酬決定を社外主導で行うのであれば，取締役の過半数を独立社外にするか，あるいは指名委員会等設置会社に移行しては如何か。

回答例

ア　わが国の会社法上，取締役会は監督と業務執行に関する意思決定の双方の機能を有しており，当社の場合も例外でございません。業務執行に関する意思決定機関としての性格に着眼した場合，少なくとも現時点で取締役会構成員の過半数を独立社外とすることは，現実的ではないと思われます。又，指名委員会等設置会社への移行を検討せよとのご意見でございますが，強い独立性保障の下，業務執行と距離と置きつつ監査に選任する監査役制度にも捨て難い長所があると存じます。

イ　わが国の現状及び当社を取巻く環境等に照らし，少なくとも現時点で取締役会構成員の過半数を社外者とすること，あるいは取締役候補者選定・報酬決定の機能を社外者主導の委員会の専権とすることは，時期尚早と存じます。

コメント

ガバナンスの根本を問う厳しい質問であり，十二分に心して回答する必要がある。回答のポイントは，現行会社法上，取締役会が監督機関たる性格と業務執行に関する意思決定機関たる性格を兼有させられていること及び業務執行から厳しく隔絶された監査役制度にも捨て難い長所があるであろう。わが国において，社外取締役市場が未成熟であることも，一つの考慮要因ではあろう。

Q 46 任意の指名委員会を設置するのであれば，監査等委員会の意見陳述権もさしたる意味がなくなる。監査役会設置会社に戻り監査機能を強化するか，あるいは指名委員会等設置会社に移行しては如何か。

回答例

ア　監査等委員会が有する意見陳述権は，あくまで株主総会に提出される取締役選任議案及び取締役報酬議案に関してございます。他方，当社指名委員会は，取締役会の権限である代表取締役の選解任に関する原案策定を所管するものであり，両者の機能・権限は，別個のものでございます。

イ　指名・報酬の両委員会は，経営戦略的観点から，CEOの選解任・業務執行者の報酬決定に積極的・能動的に関与致します。他方，監査等委員会は，株主総会に提出される取締役選任及び取締役報酬の各議案に関し，策定に至る手続・手順は適正か，内容的に明らかに不合理と思われる点はないかを，監査役員の立場・視点からレビュー致します。このように，当社における指名・報酬委員会と監査等委員会が果たす役割・機能は根本的に異なりますので，両者を併存させる意味はあると存じます。

ウ　当社が，監査等委員会設置会社の形態を採用する大きな理由の一つと致しまして，監督と業務執行をできる限り分離し，加えて業務執行の機動性を確保する観点から，定款に基づき業務執行に関する決定を代表取締役に委任する途を開くことがございます。監査役会設置会社に戻りますと，この委任が不可能となります。さりとて，社外取締役がガバナンスを主導する指名委員会等設置会社への移行も，現在のわが国社外取締役市場の状況等に照らし，必ずしも現実的ではございません。従いまして，当面は，監査等委員会設置会社の形態を維持したいと存じます。

エ　当社の指名・報酬委員会は，いずれも監査等委員全員を以て構成しております。即ち，監査等委員会の有する意見陳述権をベースとしつつ，その実質的権限の補強・強化を図ったものでございます。

コメント

この質問も，まさしくガバナンスの根幹に係るものであり，十分，心して回答する必要がある。

CG コード補充原則 4 － 10 ①は，監査等委員会設置会社に関しても，独立社外取締役が取締役の過半数に満たない場合には，任意の指名委員会・報酬委員会等の設置を要求している。この場合，監査等委員会の意見陳述権との関係の整理が求められ，突き詰めると監査等委員会設置会社の形態を維持することの合理性にまで行き着く。一つの整理の方向性としては，監査役員としてのレビュー機能と，経営の視点からの経営者人事を明確に区別することで，上記回答例**ア**，**イ**はこの系譜に属する。一方，**ウ**は監督と業務執行の分離，業務執行の機動化を志向しつつも一挙に指名委員会等設置会社にまで移行できないという実務の現状を，率直説明したものといえる。

エは，監査等委員会が主導するガバナンスを志向するものといえるが，監査役員（監査等委員）が，当然に経営者に関する選定眼を有するかは，疑問である。更に，監査等委員会の主導性を強調すると，指名委員会等設置会社形態を採用しないことの説明は，必ずしも容易とは思われない。2018 年 CGS 研究会報告は，監査等委員をそのまま任意委員会の委員とする可能性も示しているが，前記補充原則 4 － 10 ①の潜脱との批判を受ける可能性はあろう。

10 望まれるCEO像

Q 47 当社の経営理念・状況等に即し，如何なる資質・属性の者がCEOとして望ましいと考えるか。

（現CEO等への質問）

コメント

CEO後継者の選定・育成計画を策定する以上，必須の項目である。CGSガイドラインにおいても，７ステップ中のステップ２に「あるべき社長・CEO像と評価基準の策定」が掲げられている。その具体的内容は，業種・株主構成・業界を取り巻く環境・経済情勢等により大きく異なり，又，同一会社であっても，情勢変化に応じて，当然変化し得るものである。従って，ここで回答例を記載することも，差し控えたい。但し，有価証券報告書・ガバナンス報告書等における開示，公表された中期経営計画等との整合性には，配慮する必要があろう。

Q 48 当社の経営理念・状況等に即し，如何なる資質・属性の者がCEOとして望ましいと考えるか。

（任意の指名委員長等への質問）

コメント

繰り返し述べた通り，CGコードは後継者問題に関し社外取締役の主体的関与を求め，CGSガイドラインがこれを補強している。前記Q 47と同様の理由により回答例の記載は差し控えるが，CGコードにコンプライを表明した本則市場上場会社の社外取締役である限り，回答は用意することが望まれる。

11　就任者へのサポート

Q 49　新 CEO をサポートするため，如何なる方策を講じたか。

回答例

ア　新 CEO は，既に 10 年以上にわたり当社役員を務め，取引先等の関係先とも親密で，社内事情にも十分に精通しております。とは申しましても，現 CEO との引継ぎ等には万全を期し，対外的にも主要な関係先には同道で挨拶回りを行う等，遺漏なきを期しております。

イ　新 CEO は，資本上位の関連会社出身ではございますが，外部招聘であることには変わりはございません。就任内定後，各部門の担当役員による説明の場を設け，主要な取引先・関係先への紹介，引合せも積極的に行って参りました。

ウ　今回は，○○事件発覚に伴う会長・CEO・CFO の引責辞任という事態を受け，指名委員である社外取締役が主導して選任致しました。人心一新等の観点から外部招聘も検討致しましたが，業務の継続性等の観点から内部登用で決着致しました。新 CEO の△△氏は，○○事件当時も役員として在任致してはおりましたが，指名委員会と致しましては，関与度合いは低く当社再建を託すに足る能力・識見を有しておると判断し，提案致しました。私共，指名委員と致しましては，株主・取引先等の関係各位のご理解が得られますように，然るべき説明責任を果して参る所存でございます。

コメント

就任者へのサポートは，2018 年 CGS 研究会報告において，最終ステップ（ステップ7）として記載されてはいる。しかし，新CEOが内部昇格の場合，引継ぎを円滑に進める等の配慮は求められても，それ以上のサポートは，通常，不要かと思われる。これに対し，外部招聘者の場合には，社内事情に精通するまでの間，各部門長からの進講等，ある程度のケアは必要であろう。

上記研究会報告が想定するようなサポートの必要性が特に高いのは，**ウ**のようにガバナンスの観点からの選任の正当性が問われるような場合である。このような場合には，新CEOの求心力を高めその基盤を確立すべく，選任を主導した取締役会構成員が積極的に説明責任を果たすことが求められる。

12　子会社のCEO選解任・後継者計画

Q 50　完全子会社といえども，独立した法人格を有している。その経営陣の選解任に御社が介入する根拠は，何処にあるのか。

回答例

ア　申すまでもないことですが，子会社の経営陣の選解任は各子会社の株主総会決議事項であり，その総会で議決権を行使するのは親会社である当社に他なりません。当社は，議決権を中心とする子会社に対する株主権行使を最重要業務の一つと位置付け，その適正な行使に努めております。

イ　連結経営が進展した今日，親会社と子会社の法人格が異なることを，過度に重視することは適切とは思われません。当社におきましては，各子会社の規模及び各子会社での各人のポジション等に応じ，対応する地位にある当社役職員に準じて，選解任等を含め，その人事を管理しております。

コメント

連結経営が定着した今日，その頂点に立つ親会社として，子会社の経営陣人事に関し，もはや放任は許されず適切な管理が求められることに関しては，おそらく異論はないかと思われる。**ア**はこのことを会社法的観点から，**イ**は連結経営の実態から，各々，説明したものといえる（**第5章**参照）。

Q 51　御社には，任意の指名委員会が設置されている。同委員会は，子会社経営陣の選解任も所管するのか。又，指名委員を含む社外取締役の関与状況は，如何か。

回答例

ア　当社の指名委員会は，上場会社たる当社の取締役，特に社外取締役の候補者推薦を主たる役割としており，子会社経営陣の選解任は所管外であります。他方，当社は，子会社経営陣人事の内，重要性が高いと思われる案件につきましては，当該子会社総会での議決に先立ち当社自身の取締役会に付議しており，その際，当然，指名委員を含む社外取締役も関与致します。

イ　当社の指名委員会は，上場会社たる当社の取締役，特に社外取締役の候補者推薦を主たる役割としており，子会社経営陣の選解任は所管外であります。

　子会社経営陣の人事に関しては，別途，取締役会の下に一部社外取締役も参加した非公式の検討部会を設け，取締役会付議に先立ち事前レビューを加え，取締役会に報告しております。

ウ　親会社である当社自身の指名委員会とは別個に，取締役会の下に子会社人事委員会を設置致しました。子会社人事委員会の構成員は社長以下の社内役員ですが，社外取締役の一部もオブザーバーとして出席しております。

エ　当社指名委員会は，子会社経営陣の内，当社役員に匹敵する重要性があると思われる者に関しても，審議検討の対象に加え，その結果を取締役会に報告しております。

コメント

2019年CGS研究会報告は，子会社経営陣の選解任への親会社指名委員会の関与を示唆しており，上場会社としては，この点に関する考え方の整理は求められよう。

その際，注意を要するのは，子会社経営陣人事に関する委員会に対する社外役員の関与のあり方かと思われる。社外役員は，原則的に業務執行への関与を禁じられており，委員会に関与する際にも，抵触は回避する必要がある。この観点から，親会社取締役会付議事項としての位置付けは，一つのキーポイントかと思われる（**第５章**参照）。

Q 52 当社は，上場子会社に関しては，経営の自主性・独立性を尊重する趣旨を，繰り返し表明している。しかるに，最近，上場子会社の指名委員会での検討を経て提出された社外取締役選任議案に反対票を投じた例が散見される。繰り返し表明した姿勢と矛盾するのではないか。

回答例

当社と致しまして，上場子会社の自主性・独立性を尊重する姿勢にはいささかも変更はなく，その社外取締役に当社が望む人物を据える意思は毛頭ございません。しかし上場子会社も当社を中心とする企業集団の重要な構成員であり，この観点から，その取締役会構成の適正にも関心を払っております。又，当社自身も，多様性維持，癒着防止等の観点から社外取締役候補者選定の基準を定め，ガバナンス報告書等にも記載し，各子会社にもその精神の尊重を要望しております。

当社は，昨年A社総会で社外取締役甲氏の再選に反対致しましたが，これは同氏が既に在任10年を超え，実質的な社内化が懸念されたためでございます。ちなみに当社自身の社外取締役に関しましては，基準において在職期間の上限を8年と定めております。

又，本年B社総会において乙氏の新任に反対する予定でございますが，同社の現任社外取締役は公認会計・弁護士が各1名で，他方，会社経営の経験者はおりません。このような中で，更に弁護士を選任することは，明らかに多様性に反すると判断致しております。

当社は，社外取締役選任を含め上場子会社の総会議案に反対する際には，各子会社との契約に基づき当該子会社に事前通告し，その経緯・理由等を開示しております。今回のB社議案の件も，○月○日にTDネットを通じ開示致しました。

なお，昨年総会後にA社の適時開示によりますと，当社以外の株主の甲氏再任に対する賛成比率は61%であり，他の候補者に対する賛成比率がいずれも95%を超えていたこととの間に明らかに有意差があり，当社の主張も，ある程度，ご理解を頂けたと考えております。

当社と致しましては，今後とも上場子会社の自主性・独立性を尊重しつつ，より適切なガバナンス確立のための提言等も行って参りたいと存じます。

コメント

上場子会社に関しては，その少数株主擁護の観点から，経営上の一定の自主性・独立性が要求される。他方，親会社としては，企業集団の価値を維持し，企業集団の内部管理・内部統制の適正（会社法362条4項5号・5項）を維持する観点から，一定の関与も不可欠である。この双方の要請を如何に調和・両立させるかが，2019年CGS研究会報告等で取り上げられた上場子会社問題の最大のポイントの一つといえる。この問題は，**第6章**で改めて取り上げるが，調和を探る一つの努力例として，上記回答を示す。

Q 53 当社は上場子会社であるが，CEO 選解任に際し，社外取締役が親会社の意向を排して主導性を発揮することが可能か。

回答例

ア 子会社たる性格上，CEO の人選に関しては親会社の意向は無視することはできません。しかし，親会社の意向を受けて提示された候補者を無条件で追認することはなく，現 CEO の諮問を受けて社外取締役のみを構成員とする役員人事諮問委員会が会合を重ねました。その席上に，候補者の出席を求め，種々質問も致しました。その結果，当社の CEO として適任との結論に至りました。

イ 親会社は，最初に親会社出身の社長を通じ候補者を提示します。しかし，当社には社長と社外取締役を構成員とする任意の指名委員会が存在し，独自の後継者選定基準を策定し，取締役会に提案し，親会社出身者を含む全取締役の了解を得ています。指名委員会では，親会社出身の社長を含む全委員で，当該基準に即し，提示を受けた候補者の適任性を論議検討し，全委員の合意形成に努めております。過去には，全委員の一致した見解に基づき，親会社に対し候補者差替えを求め，親会社の納得を得て差し替えた例もございます。

ウ 当社には，社外取締役のみを構成員とする任意の指名委員会が存し，同委員会が自ら策定した基準に従い，主導的に候補者を選定致します。親会社は，指名委員会の選定を尊重し受容れるべき旨を了承しその旨のリリースも行い，当社のガバナンス報告書にも明記されております。

エ 子会社たる性格上，率直に申し上げて，CEO 選解任は必然的に親会社主導となることは避けられません。他方，上場会社として少数株主の利益を尊重すべきことは，申すまでもございません。このような観点から，当社は監査等委員会設置会社の形態を採用し，現在，監査等委員は全員独立社外者でございます。監査等委員会が，親会社から独立した立場から，その権限を駆使して，少数株主の利益擁護に努めております。

コメント

親会社である以上，役員，特にCEO選解任を通じて子会社を適切に支配管理することは，その株主に対する責任を全うする所以である。他方，上場子会社に関しては，外部少数株主の利益擁護も重要である。この二個の要請をどのように調和させるかは，難しい問題で，突き詰めると子会社上場を認めることの当否に帰着する。上記回答例中，**ア**，**イ**，**エ**は，親会社主導は認めつつ，子会社独立社外取締役のレビュー機能に期待するものである。他方，**ウ**は，より子会社の外部少数株主利益擁護を重視する方向性を志向するものであるが，その実効性及び親会社の自らの株主に対する説明責任の観点から，論議が生じる可能性もあろう（**第6章**参照）。

Q 54 当社の新CEOは前CEOの子息であるが，その選定に際し社外取締役は如何なる役割を果たしたか。

回答例

ア 新CEOが前CEOの後継者となることは，ある程度想定されてきたことでございます。私達社外取締役も，役員人事諮問委員としての視点から，将来のCEO候補との想定の下，取締役会の席上で随時，質問を行い執務状況の報告を求める等，本人の自覚を促しその資質の向上を図るべく努めて参りました。父親である前CEOに対しても，常に厳しい鍛錬を求め，必要な提言を行って参りました。

イ 前CEOは，相当早い時期から，後継者は子息である新CEOにとの意向を示しておりました。この意向を受けて過去，指名委員たる社外取締役が，前CEOに対し，計画的・体系的な経営者教育の必要性を指摘し，これを受けて前CEOは国際的に定評があるコンサルティング会社と契約を結び，指名委員会はその履修状況をウオッチして参りました。当該プログラムの内容は在外研修等を含め多岐にわたり消化するには厳しい努力が要求されますが，委員会と致しましては，新CEOは極めて熱心に取り組み十分な成果をあげたと判断致しました。

ウ 新CEOは，大学卒業後，業界トップで日経225銘柄でもある○○社に入社し，社内試験に合格して米国△△大学でMBAも取得致しました。その後も同社で順調な昇進を遂げ，シカゴ支店長等を経て執行役員に就任しております。当社では，現CEOが満70歳に達した時点から，指名委員会において現CEOと社外取締役たる委員が協議の上，次期CEO候補の選定を開始し，内部昇格・外部招聘等も検討致しましたが，結局，就任を要請することが可能な範囲において新CEOに勝る適任者はいないとの結論に達しました。

コメント

いわゆるオーナー系上場会社の場合，現CEOの子女等が次期CEOに就任することが，事実上，既定事実化している場合が少なくない。このような場合，指名委員たる社外取締役が主体的に，あるいは現CEOと対等の立場で協働して候補者選定を進めることは極めて困難と思われ，CGS研究会報告もこのことを率直に認めている。しかし，上場会社で多数の少数株主も存する以上，不適任者が次期CEOに就任することを拱手することは許されない。この場合，「既に優に適格性を備えていると思われる候補者中から次期CEO」という独立系の大規模上場会社で通有性を有するような発想を思い切って転換し，「候補者と目される子女等を，是が非でも適任者に育て上げる」との決意を以て育成に当たることが肝要と思われる。そのためには，本人に厳しいトレーニングを計画的に課す等の方策も不可欠となる。社外取締役としては，その実現を現CEOのみに委ねるのではなく，その採用を積極的に提言し，確実に実行されるよう継続的に監視を加えることが求められよう。これらの措置が的確に執られているならば，CGコード補充原則４－３②，４－10①，対話ガイドライン３－２等にも適合すると評して差し支えないと思われる。他方，「一から検討した結果，現CEOの子女が最適任との結論に達した」との趣旨の説明が株主・投資家の納得を得られるのは，上記回答例**ウ**のように具体的事情を十分に明らかにした場合に限られるであろう。

13 対話・総会対応

Q 55 CEO後継者養成計画及びCEO選解任のあり方に関し，社外取締役との対話機会を設けることはできないか。

回答例

ア 当社は，FDルール等にも配慮しつつ，株主・投資家の皆様との対話をより積極的に進めて参る所存でございます。現状では，CEO以下の業務執行者がこの役割を担っておりますが，今後，より株主・投資家の皆様のご要望に即したあり方を摸索して参りたいと存じます。

イ 従来，投資家との対話には専らCEO・CFOやIR担当役員等が当たって参りましたが，今後，社外取締役の参加の可能性等も，検討して参りたいと思います。

ウ 今後，株主・投資家の方からご要望を頂きましたならば，個別具体的な状況に応じ，検討して参りたいと存じます。

コメント

対話ガイドラインは，CGコードと平仄を合せ，後継者計画に関する独立社外取締役の役割を重視している。将来的に，株主・投資家等から，後継者計画に関し社外取締役との建設的対話の要望がなされた場合，何らかの対応は検討する必要がある。但し，株主・投資家の要望に一定程度前向きに対応するとしても，その態様・方法等には，種々のパターンを想定できる。当面は，例えば，上記回答例**イ**のような対応も，十分，検討に値すると思われる。

Q 56　独立社外取締役を代表して，株主・投資家との対話に当たるのはどなたか。筆頭独立社外取締役はいないのか。

回答例

ア　○○氏が筆頭独立社外取締役でございます。株主・投資家の方からご要望がございました際の対応につきましては，状況に応じ，適切に判断させて頂く所存でございます。

イ　特に，筆頭独立社外取締役との名称の者は，当社にはおりません。株主・投資家の皆様との対話に際しましては，その時々の状況に応じ，最適と思われる者が対応して参る所存でございます。

コメント

2018年CGS研究会報告76頁は，社外取締役と株主等との間の対話の円滑化のために筆頭独立社外取締役選定を検討すべき旨を示唆する。同時に，取締役会議長・各種委員長等を務める独立社外取締役が適切に対応可能であれば，筆頭独立社外取締役との名称の者は必置ではないとする。

繰り返しになるが，今後，上場会社である以上，株主・投資家等から社外取締役との対話の要望を受けた場合，一定程度，積極的な姿勢で対応することが求められる。しかしながら，もとより常に要望通りの対応が求められるものではない。この観点から，「筆頭独立社外取締役が，投資家・株主からの要望を受け次第，随時対応する」かの如き誤解を受けるような回答・対応は，好ましくない。例えば，後継者計画・CEO選解任に関する対話要望であれば，CEO（又は会長等）と独立社外取締役たる指名委員長が共同で対応すること等も，十分に考え得る。

Q 57 新CEO選任に関し，社外取締役全員から，各自の関与状況及びお考えを伺いたい。

回答例

ア 現CEOの内示を受け，指名委員会におきまして委員長である私が中心となり，社外取締役を含む委員全員で，候補者時代の業績，取締役会における報告・発言状況等，多面的に検討を加え，監査役からは懸念点の有無に関する見解も徴取致しました。その結果，委員全員の一致した見解として適任と判断し，私から現CEO及び取締役会に報告致しました。委員以外の社外取締役も，委員会の審議の経過及び結果を主体的にレビューして適正性を判断致しております。

イ 取締役会に提出の新CEO選任議案は指名委員会において審議され，独立社外取締役である○○，△△，□□の各氏は，委員として参画致しました。その他の社外取締役も，指名委員会の審議を経て取締役会に提出された選任議案に関し，事前に議案提示を承け，指名委員会構成員に種々，質問を発する等，取締役会構成員としての任務を主体的・積極的に果たしております。

コメント

取締役会議事録の閲覧が裁判所の許可に掛からしめていること等に照らし，一般論として，取締役会における個々の取締役等の発言・議決の内容等を開示する必要まではないと考えられる。他方，代表取締役の選解任が取締役会の根幹的監督権限であること等に鑑み，本問は取締役としての適格性と直結する。仮に，株主総会でこの類の質問がなされた場合，取締役選任議案にも関連し得る事項として，回答義務の範囲内に属するとの前提で対処すべきであろう。回答に際しては，苟も取締役である以上，当該議案の審議・議決には主体的・能動的に参加すべき義務があることを銘記すべきである。

第４章

現職取締役・監査役への匿名アンケート

(1) 匿名アンケートの実施

本章では，現職の上場会社業務執行取締役，社外取締役，社外監査役の方々を対象に実施した匿名アンケートの結果をそのままご紹介させて頂く。

各回答者の方におかれては，ご多忙の中，機微にわたる事項につきご回答頂いたことに感謝申し上げる。

回答者の方の属性は，上場会社社長２名，CFO１名，常勤社外監査役１名（ご回答当時，元経営者），元経営者である社外取締役２名，公認会計士である社外役員１名，弁護士である社外取締役・監査役６名の合計13名である。

なお，アンケートの実施時期は2019年前半で回答も2019年CGS研究会報告の公表等の前に拝受したものが大半である。予め，お断りしておく。ご回答後，各上場会社の状況には若干の変化が生じている可能性もあるが，ご回答者の方々の基本的なお考えをご理解頂く上では，差し支えないかと思われる。

(2) 質問及びご回答の内容

質問の内容は，後掲136～139頁の通りである。

但し，番号及びタイトルは，読者の皆様により良くご理解を頂くべく，編集段階で付記させて頂いた。

各回答者からのご回答の内容は，後掲140～162頁の通りである。

なお，匿名アンケートの性格上，回答者の属性等に関する記載は，敢えて省かせて頂いた。読者の皆様のご理解を乞う。

(3) 小結

今回のアンケートに際しては，第一線でご活躍の方々が，ご多忙の中，ご回答をお寄せ下さった。重ねて謝意を表させて頂く。

読者の皆様が，今後の実務において，回答者の方々のご厚誼を活かされることを切望する。

アンケート項目

Q１－１（選任基準）

御社に文書化された業務執行者選任に関する基準等はございますか。

（存在する場合）当該基準等は，御社内におかれてどの範囲の方々が共有なさっていますか。

Q１－２（再任・続投基準）

御社に文書化された業務執行者の再任・続投に関する基準等はございますか。

（存在する場合）当該基準等は，御社内におかれてどの範囲の方々が共有なさっていますか。

Q２（解任基準）

御社に文書化された業務執行者の解任に関する基準等はございますか。

（存在する場合）当該基準等は，御社内におかれてどの範囲の方々が共有なさっていますか。

Q３（後継者計画）

御社は，将来の後継者養成計画はお持ちですか。

（お持ちの場合）当該計画は，御社内におかれてどの範囲の方々が共有なさっていますか。

Q４－１（現 CEO 選任への関与）

現 CEO の新任に際し，どのように関与なさいましたか。

Q４－２（CEO 続投期間）

現 CEO は，今後何時まで続投なさるのが望ましいとお考えでございますか。

Q４－３（CEO 再任・続投の定期的検討）

御社では，CEO の再任・続投の可否に関し，定期的にご検討をなさっていますでしょうか。

Q４－４（次期 CEO 選任への関与）

今後，現 CEO の後継者決定にどのように関与なさるご所存でございますか。

Q５（投資家との対話）

CEO 選解任を含む役員人事に関し，投資家・株主と対話されたご経験はございますか。

Q６−１（委員会）

御社に指名委員会，報酬委員会又はそれらに相当する会議体はございますか。

Q６−２（委員会が存在する場合）

どのような方々が，そのメンバーでございますか。

回答者様は，メンバーでございますか。

当該委員会は，CEO の選解任に際し，どのような機能・役割を果たされますか。

Q７−１（あるべき姿―CEO 決定主体）

CEO の続投可否は，次のいずれのパターンにより決定されるべきとお考えでございますか。

ア　業務執行側主体，他役員は取締役会決議参加のみ

イ　業務執行専権で社外役員等がレビュー

ウ　業務執行側と社外役員等が協働

エ　業務執行側も参加するが社外が主導

オ　社外等の非業執行側の専権で，他は取締役会決議参加のみ

Q７−２（あるべき姿―対話スタンス）

社外役員は，投資家・株主との対話に，次の中のいずれのスタンスで対応なさるべきとお考えですか。

ア　自ら積極的に投資家・株主と対話する

イ　投資家・株主から求められれば，合理的な範囲で対応する

ウ　投資家・株主との接触は，業務執行者・IR 担当者等に委ね，原則的に自らは対応しない

Q７−３（あるべき姿―オーナー会社・子会社の上場問題）

独立社外役員が役員人事に関し主体性を発揮しようとする際，オーナー・親会社等の支配株主とのバッティングも生じるかと存じます。こ

の問題を突き詰めて参りますと，オーナー会社・子会社の上場自体の可否に繋がると思われますが，お考えは如何でございますか。

ア 上場は禁止せず，市場・投資家の判断に委ねる

イ 厳格な条件の下に上場許容

ウ 本則市場は認めず，特則市場に限る

エ 特則市場も含め上場不可

Q８－１（法定の指名委員会等設置会社の方々へのご質問―指名委員会・報酬委員会の関与）

御社の法定指名委員会・法定報酬委員会は，CEO 等の業務執行者の選解任に関し，どのような機能・役割を果たしておられますか。

後継者養成計画策定に関しては，如何でございますか。

Q８－２（法定の指名委員会等設置会社の方々へのご質問―指名委員会・報酬委員会のあるべき姿）

今後，法定の指名委員会・報酬委員会は，CEO 等の業務執行者の選解任にどのような機能・役割を果たすべきとお考えでございますか。

Q９－１（監査等委員会設置会社の方々へのご質問―監査等委員会の関与）

御社の監査等委員会は，CEO 等の業務執行者の選解任に関し，どのような機能・役割を果たしておられますか。

後継者養成計画策定に関しては，如何でございますか。

Q９－２（監査等委員会設置会社の方々へのご質問―監査等委員会のあるべき姿）

今後，監査等委員は，CEO 等の業務執行者の選解任に関し，どのような機能（例えば，主導的機能・レビュー機能等々）を果すべきとお考えでございますか。

後継者養成計画策定に関しては，如何でございますか。

Q 10 －１（監査役会設置会社の方々へのご質問―監査役の関与）

御社の監査役の方は，CEO 等の業務執行者の選解任に関し，積極的・能動的な役割を果たしておられますか。

後継者養成計画策定に関しては，如何でございますか。

Q 10－2（監査役会設置会社の方々へのご質問―監査役の委員会参加）

監査役が任意の指名委員会，報酬委員会等の委員となり，CEO 等の選解任に積極的・能動的に関与することに関しては，どのようにお考えでございますか。

Q 11（自由なご意見・ご感想）

2018 年の CG コード，SS コードの改訂等，最近のガバナンス（会社統治）を巡る一連の動向等に関し，ご感想・お考え等をお持ちでしたら，お聞かせ頂ければ幸いでございます。

Ａ氏ご回答

Q１－１（選任基準）

→あります。

→コーポレートガバナンス基本方針に記載されていますので，ホームページからアクセスできます。

Q１－２（再任・続投基準）

→あります。

→取締役会内規となっていますので，役員や取締役会に関与する幹部社員が当該基準を共有しています。

Q２（解任基準）

→あります。

→解任基準が取締役会内規となっていますので，役員や取締役会に関与する幹部社員が当該基準を共有しています。

Q３（後継者計画）

→あります。

→取締役会で経営人材育成方針を承認したので，役員や取締役会に関与する幹部社員の間で同方針を共有しています。

Q４－１（現 CEO 選任への関与）

→関与していません。

Q４－２（CEO 続投機関）

→続投に影響するような問題が発生しない限り，内規で定められた年齢または在任年数に達するまでは続投するのが望ましい。

Q４－３（CEO 再任・続投の定期的検討）

→取締役会では検討していない。特別な事情がない限り，内規で定められた在任期限が到来したときに検討されると思われる。

Q４－４（次期 CEO 選任への関与）

→取締役会において指名諮問委員会から上がってきた案の承認決議に関与する。

Q５（投資家との対話）

→ありません。

Q6－1（委員会）

→任意の指名報酬委員会及び報酬諮問委員会があります。

Q6－2（委員会が存在する場合）

→独立社外取締役を含む取締役等で構成しています。

→メンバーではありません。

→グループ経営会議から上がってきた人事案につき審議し，同案を取締役会の議案として諮問するか決定する役割を担っています。

Q7－1（あるべき姿―CEO 決定主体）

→ウ　業務執行側と社外役員等が協働

Q7－2（あるべき姿―対話スタンス）

→イ　投資家・株主から求められれば，合理的な範囲で対応する

Q10－1（監査役会設置会社の方々への質問―監査役の関与）

→いずれについても，積極的・能動的な役割は果たしていない。

Q10－2（監査役会設置会社の方々への質問―監査役の委員会参加）

→関与を否定する特別な理由はないと思われ，会社の方針で関与させることに関しては問題がないと考える。

Q11（自由なご意見・ご感想）

→取締役会の実効性評価がなされたり，これまであまり議論されてこなかった事項について議論の機会が得られたことは良いことであると考えるが，同時に，右にならえではなく，日本の企業やそれぞれの会社が有している独自性や利点も残していく方向性で検討を進めることが望ましいと考える。

Ｂ氏ご回答

Q1－1（選任基準）

→業務執行者，執行役員共に選任基準はなし。

Q1－2（再任・続投基準）

→文書化されたものは存在しない。共有している者はいない。

Q２（解任基準）

→文書化されたものは存在しない。共有している者はいない。

Q３（後継者計画）

→文書化されたものは存在するかもしれないが，目にしたことはない。従って社内で共有している者はいないと思われる。ただ実態として人事異動やジョブローテーションから後継者育成の一環であろうと推測できる事象は多く見られるので，事前に策定した計画に基づくものかはわからないが，後継者育成を強く意識していることは確かである。

Q４－１（現 CEO 選任等への関与）

→代表取締役の選任については，取締役，監査役等との事前協議はなく，また取締役会においても特段の説明や議論もない。

Q４－２（CEO 続投期間）

→後継者が育つまで，３～５年は現体制が望ましい。

Q４－３（CEO の再任・続投の定期的検討）

→定期的な検討は行っていない。

Q４－４（次期 CEO 選任への関与）

→コーポレートガバナンスコードに沿った対応を図る必要があると考えるため，執行部（人事部等）に対して決定プロセスを明確にするよう要請しており，今後その策定・運用に関与していくつもりである。

Q５（投資家との対話）

→なし。

Q６－１（委員会）

→なし。

Q７－１（あるべき姿―CEO 決定主体）

→ウ　業務執行側と社外役員等が協働

Q７－２（あるべき姿―対話スタンス）

→イ　投資家・株主から求められれば，合理的な範囲で対応する

Q７－３（あるべき姿―オーナー会社・子会社の上場問題）

→イ　厳格な条件の下に上場許容

Q10－1（監査役会設置会社の方々への質問―監査役の関与）

→業務執行者の選解任，後継者育成計画の策定，共に関与していない。

Q10－2（監査役会設置会社の方々への質問―監査役の委員会参加）

→業務監査の一環として多くの取締役，業務執行を行う幹部職員との面談の機会は多く，当該役職員の能力，人格，識見等々について，多くのデータを保持しているため，一定の評価を行うことは可能であり，関与すべきと考える。

Q11（自由なご意見・ご感想）

→これらのコードは改訂の都度，強化，充実が図られ，ソフトローとはいえ，日本企業の多くは法令とほぼ同等の対応をしている，またはしようとしているというのが実情である。会社法に盛り込むべきは盛り込み，コードは本来の趣旨に立ち返って，細部まで事細かに規定するのではなく，企業の自主性，自由度をもう少し尊重すべきであると考える。

C氏ご回答

Q1－1（選任基準）

→「コーポレートガバナンスに関する基本方針」に取締役等の選定基準を定めている。

→「コーポレートガバナンスに関する基本方針」は当社ホームページ上で開示している。

Q1－2（再任・続投基準）

→なし。

Q2（解任基準）

→「コーポレートガバナンスに関する基本方針」に取締役及び代表取締役の解任基準を定めている。

→「コーポレートガバナンスに関する基本方針」は当社ホームページ上で開示している。

Q３（後継者計画）

→ある。

→代表取締役及び指名・報酬諮問委員会事務局。

Q４－１（現 CEO 選任への関与）

→関与していない。

Q４－２（CEO 続投期間）

→単年度業績に基づき取締役として信任を受けることに加え，中長期的な企業価値の拡大を実現する立場として10年程度継続して経営責任を負うことが望ましいと考える。

Q４－３（CEO 再任・続投の定期的検討）

→毎年指名・報酬諮問委員会で議論している。

Q４－４（次期 CEO 選任への関与）

→指名・報酬諮問委員会や取締役会での議論を前提として，主体的に関与する。

Q５（投資家との対話）

→ある。

Q６－１（委員会）

→指名・報酬諮問委員会を設置している。

Q６－２（委員会が存在する場合）

→社内取締役２名，独立社外取締役２名及び独立社外監査役１名で構成。

→メンバーである。

→（選任時）

当該委員会は，代表取締役社長等に求められる資質，育成計画等につき審議し，その結果を取締役会に答申する。

（解任時）

当該委員会は，取締役が法令・定款違反をしたとき，その他職務を適切に遂行することが困難と認められたときは，代表取締役社長等の解職について審議し，その結果を取締役会に答申する。

Q７－１（あるべき姿―CEO 決定主体）

→ウ　業務執行側と社外役員等が協働

Q７－２（あるべき姿―対話スタンス）

→ウ　投資家・株主との接触は，業務執行者・IR 担当者に委ね，原則的に自らは対応しない

Q７－３（あるべき姿―オーナー会社・子会社の上場問題）

→ア　上場は禁止せず，市場・投資家の判断に委ねる

Q10－１（監査役会設置会社の方々への質問―監査役の関与）

→指名・報酬諮問委員会のメンバーである独立社外監査役１名が役員の選解任及び後継者養成計画についての議論に参加している。

Q10－２（監査役会設置会社の方々への質問―監査役の委員会参加）

→監査役本来の役割とは異なるので，原則として積極的・能動的に関与するのは違和感があるが，社外における一定の見識を持つ適任者がいる場合には例外的に関与することは妨げるべきではない。

Q11（自由なご意見・ご感想）

→コードの意図と対応の必要性は十分に理解するものの，日本経済の発展を牽引してきた日本企業の歴史と文化を十分に踏まえた現実的な内容・文言となっているか，疑問に感じることがある。実務的には，コード改訂の都度，当社のガバナンス体制を見直し整備を進めているが，あまりにトピックが多く対応に時間的な余裕がない場面もある。

Ｄ氏回答

Q１－１（選任基準）

→業務責任者は各本部長が責任者であり，それは共有されています。

Q１－２（再任・続投基準）

→各役員は社長の推薦により選ばれ，役員会で承認され，総会で決議されます。しかし，再任・続投で文書化されたものがあるとは聞いていません。今年の総会は改選期でありましたが，５月の役員会で社長から難しい時期であるので，この体制でやろうと思う。異議は

ないかとの質問がありました。個別には社長との話合いがあるようです。

Q２（解任基準）

→業務執行者に関する解任基準があるとは聞いていません。○○工場長から△△工場長への異動がありましたが，役員会で人事異動として発表されています。しかし基準があると聞いていません。

Q３（後継者計画）

→後継者は長男と思われますが，公表されていません。

Q４－１（現 CEO 選任等への関与）

→現社長は昭和 50 年代に就任していますので関与しておりません。

Q４－２（CEO 続投期間）

→元気一杯ですが，出来るだけ早く執行役員制を採用し，後継者を執行役員として育てるべきと進言しています。

Q４－３（CEO 再任・続投の定期的検討）

→やっていません。

Q４－４（次期 CEO 選任への関与）

→社長が元気な間は良いが不慮の事故もあるので後継者を育てるべきと進言していますが，それ以上は難しいと思います。

Q５（投資家との対話）

→ありません。IR を積極的に推進すべきといっていますが，残念ながらそういう意識はなく一人浮いている状況です。

Q６－１（委員会）

→ありませんが，本部長会議で役員報酬についての会議体をもつことが決まっただけです。

Q６－２（委員会が存在する場合）

→現段階では，どれも難しい状況です。

Q７－１（あるべき姿―CEO 決定主体）

→ウ　業務執行側と社外役員等が協働（ウの体制がせいぜいだと思います。）

Q７－２（あるべき姿―対話スタンス）

→総会後に株主との懇談会を設け，そこで投資家と対話するのが良いのではと思います。

Q7－3（あるべき姿―オーナー会社・子会社の上場問題）

→上場するような子会社は現在ありません。

Q10－1（監査役会設置会社の方々への質問―監査役の関与）

→現監査役は「監査のことは全くわかりません」と発言しており，関与は全くしておりません。会社の監査役についての認識も論功行賞の結果で監査役としたという認識と思います。

Q10－2（監査役会設置会社の方々への質問―監査役の委員会参加）

→社外監査役の選任基準を厳しくする。特に社外監査役は２期以内，社外取締役と社外監査役の交互異動禁止，あるいは一定の条件を付ける。

Q11（自由なご意見・ご感想）

→取引所の権限の強化と上場会社の監督機能を強める。例えば，2〜3年に１度の社長面接等が必要と考えます。

Ｅ氏ご回答

Q1－1（選任基準）

→ある（全社で共有）。

Q1－2（再任・続投基準）

→なし。

Q2（解任基準）

→ごく抽象的な基準はある（コーポレートガバナンス報告書に記載している）。

→全社（共有範囲）。

Q3（後継者計画）

→ある。

→全社（共有範囲）。

Q4－1（現 CEO 選任への関与）

→監査役会での情報収集・意見交換及び取締役会の審議に出席。

Q４－２（CEO 続投期間）

→内規に定める取締役定年まで。

Q４－３（CEO 再任・続投の定期的検討）

→特にない。

Q４－４（次期 CEO 選任への関与）

→監査役会及び取締役会での審議。

Q５（投資家との対話）

→会社としてはあるが，私自身はない。

Q６－１（委員会）

→ある。

Q６－２（委員会が存在する場合）

→社長，人事担当取締役，独立社外取締役。

→いいえ（メンバー外）。

→選解任に係る取締役会決議に際しての助言・諮問に対する答申。

Q７－１（あるべき姿―CEO 決定主体）

→ウ　業務執行側と社外役員等が協働

Q７－２（あるべき姿―対話スタンス）

→イ　投資家・株主から求められれば，合理的な範囲で対応する

Q７－３（あるべき姿―オーナー会社・子会社の上場問題）

→イ　厳格な条件の下に上場許容

Q10－１（監査役会設置会社の方々への質問―監査役の関与）

→積極的・能動的な関与はない。

Q10－２（監査役会設置の方々への質問―監査役の委員会参加）

→委員会の性格・権限にもよるが，諮問機関という位置付けであれば，監査役の関与も許されるものと考える。

Ｆ氏ご回答

Q１－１（選任基準）

→あります。

→取締役，監査等委員，執行役員，取締役会事務局（総務部＋法務部）。

Q１－２（再任・続投基準）

→特段定めていません。選任基準に準ずるものとしています。

Q２（解任基準）

→あります。

→取締役，監査等委員，執行役員，取締役会事務局（総務部＋法務部）。

Q３（後継者計画）

→あります。

→取締役，監査等委員，執行役員，取締役会事務局（総務部＋法務部）。

Q４－１（現 CEO 選任への関与）

→関与していません。

Q４－２（CEO 続投期間）

→年齢的にも問題なく，能力があり気力・体力とも十分と思われるので，いつまでと区切る必要はないと思います。特に経営上の問題がなければ出処進退は CEO 自身にまかせ，諮問された時に客観的な見解を述べたいと考えています。

Q４－３（CEO 再任・続投の定期的検討）

→検討しています。

Q４－４（次期 CEO 選任への関与）

→現在進行中のサクセッションプラン作成に関わっています。

Q５（投資家との対話）

→ありません。

Q６－１（委員会）

→あります。

Q６－２（委員会が存在する場合）

→代表取締役社長，常勤取締役監査等委員，独立取締役監査等委員。

→小職は独立取締役ではないため委員会のメンバーではなく，オブザーバーとして出席しています。

→選解任案を取締役会に決議事項として提案することになっています。

Q７－１（あるべき姿―CEO 決定主体）

→ウ　業務執行側と社外役員等が協働

Q７－２（あるべき姿―対話スタンス）

→イ　投資家・株主から求められれば，合理的な範囲で対応する

Q７－３（あるべき姿―オーナー会社・子会社の上場問題）

→ア　上場は禁止せず，市場・投資家の判断に委ねる。

Q９－１（監査等委員会設置会社の方々への質問―監査等委員会の関与）

→選任については候補者の選任状況の把握並びに絞込みの選定判断の妥当性の評価等のレビュー機能を果たすようにしています。

→解任については，解任理由の妥当性の評価レビュー機能に加え，必要に応じ解任動議にも対応すべきと考えています。

→後継者養成計画についてはその妥当性の評価並びに CEO としての資質向上に資すると思われる後継者計画等の提案を行っています。

Q９－２（監査等委員会設置会社の方々への質問―監査等委員会のあるべき姿）

→社外取締役監査等委員としては組織の論理にとらわれないレビュー機能をできる限り発揮すべきと考えています。特に市場の信頼や期待に応える（迎合するのではなく）ためにどうあるべきか，どうすべきかの観点から経営陣に対して適宜意見具申に努めるべきと考えています。

Q11（自由なご意見・ご感想）

→市場の正当な要望であるかのごとく ROE 等の数値目標を強く求める傾向が続いているが，甚だ疑問に思っています。社内的に数値目標を策定することは経営管理上有意義と考えるが，それを社外に公表することは経営の自由度を奪うことになりかねず，ましてや企業価値向上に向けての本来的な企業活動を歪曲することにもなりかねず大いに危惧しています。

投資家にコミットすべきは経営計画であり事業戦略であって，決して数値目標ではないと考えます。

また，投資家側も数値目標を公表していない企業を投資不適格とす

るのではなく，経営計画や事業戦略の妥当性を評価した上で投資対象としての適格性を判断すべきと考えます。特にプロの投資家である機関投資家こそ，自らの企業分析・将来予測に基づき当該企業の成長性を判断し，独自の分析結果としてのROE等を算出されることが専門家として果たすべき役割と期待します。

G氏ご回答

Q1－1（選任基準）

→あり。

→全社（掲示板に掲載）。

Q1－2（再任・続投基準）

→あり。

→全社（掲示板に掲載）。

Q2（解任基準）

→あり。

→全社（掲示板に掲載）。

Q3（後継者計画）

→あり。

→代表取締役。

Q4－1（現CEO選任への関与）

→本人。

Q4－2（CEO続投期間）

→65歳。

Q4－3（CEO再任・続投の定期的検討）

→検討している。

Q4－4（次期CEO選任への関与）

→候補者選定。

Q5（投資家との対話）

→株主総会での対話。

Q6－1（委員会）

→ない。

Q7－1（あるべき姿―CEO 決定主体）

→ア　業務執行側主体，他役員は取締役会決議参加のみ

Q7－2（あるべき姿―対話スタンス）

→イ　投資家・株主から求められれば，合理的な範囲で対応する

Q7－3（あるべき姿―オーナー会社・子会社の上場問題）

→ア　上場は禁止せず，市場・投資家の判断に委ねる

Q10－1（監査役会設置会社の方々への質問―監査役の関与）

→実現していない。

Q10－2（監査役会設置会社の方々への質問―監査役の委員会参加）

→必要ないと思う。

Q11（自由なご意見・ご感想）

→上場を維持するための費用が徐々に増えつつある。

H 氏ご回答

Q1－1（選任基準）

→文書化された選定基準はありません。

→実態は，ガバナンスコードに記載があるように，人格，見識，実績等を勘案して適当と考えられる者の中から選択となります。

Q2（解任基準）

→文書はありません。

→ガバナンスコードにあるように，業務執行に不正または重大な法令・規則違反があった場合には，解任することとなります。

Q3（後継者計画）

→後継者養成計画は具体的にありません。

Q4－1（現 CEO 選任への関与）

→関与していません。

Q4－2（CEO 続投期間）

→特に現状で，意見はありません。

私が就任している会社は２社ともオーナー会社であり，創業者の二代目であり，株式も相当割合を保有し，年齢も50代前後と若いので当面は続投となると思います。

Q4－3（CEO再任・続投の定期的検討）

→上記理由から，定期的な検証は行っておりません。

Q4－4（次期CEO選任への関与）

→オーナー企業で，世代交代が終わった時間も間もないので，当面は相談はないと考えています。

Q5（投資家との対話）

→特にありません。

Q6－1（委員会）

→存在しません。

→上記委員会はないが，１社はCEOと社外役員で構成されるガバナンス委員会があります。ガバナンスコードの文言であるが，人格，識見，実績，その時々の会社を取り巻く状況や対処すべき課題に応じて，最適と考えられる人物を選任し諮問し，ガバナンス委員会の答申を受けて決定する，としています。

Q7－1（あるべき姿―CEO決定主体）

→イ　業務執行専権で社外役員等がレビュー

Q7－2（あるべき姿―対話スタンス）

→ウ　投資家・株主との接触は，業務執行者・IR担当者等に委ね，原則的に自らは対応しない

株主総会で，株主から直接社外役員に質問があれば，直接に対応します。

Q7－3（あるべき姿―オーナー会社・子会社の上場問題）

→市場・投資家の判断に委ねる，のが妥当と考えます。

Q9－1（監査等委員会設置会社の方々への質問―監査等委員会の関与）

→業務執行者の選解任への関与は，選解任理由の説明を聞くことに留まります。

→事件でもない限り，通常の業務執行者の選解任そのものに，社外の人間がかかわることは困難である。毎月役員会で顔を合わす人間ならば，ある程度は評価できるが，面識のない人間の人事評価はできないのが実情です。後継者計画の策定や，個別の後継者候補の選定に関与することには無理があり，後継者の育成計画について意見を述べることは十分に可能です。

Q9－2（監査等委員会設置会社の方々への質問―監査等委員会のあるべき姿）

→基本的に社外の人間に，人事に関する業務遂行は難しい。社外の人間に接触回数が少ない社内の人間の評価はできないからです。

よって，平常時においては実質的には公正な選出機能は果たせず，内部の決定事項の追認，レビューを行うだけの機関になりやすいと思われます。

不法行為などの明らかな事件が起これば，解任に積極的・能動的に関与することができると考えます。

質問にはありませんが，報酬委員会の業務遂行も社外の人間には困難と思います。

インセンティブ制度など制度設計の助言などは可能ですが，実際の報酬水準の決定は難しいと思います。

Q10－1（監査役会設置会社の方々への質問―監査役の関与）

→Q9に同じ。

Q10－2（監査役会設置会社の方々への質問―監査役の委員会参加）

→Q11に同じ

Q11（自由なご意見・ご感想）

→社外役員の独立性の論議で重要なことが抜けていると感じます。

独立性判断の最も重要な要素は，私見ですが経済的な独立性と考えます。

社外役員の報酬は年数百万円から2000万円超まであります（米国の4分の1の水準といわれていますが）。

社外役員報酬が，その役員個人の総収入に占める割合が高ければ，独立性に大きく影響すると考えます。

個人の総収入の20%（数値は私見）を超えると意思決定に影響を及ぼし，50%超なら保身のための会社迎合的な意見形成となることが容易に推定されます。

個人の年収情報は，プライバシーの問題もあり情報入手が難しいので，割合開示などの規則化はできないのが実情のようです。

現状で社外役員の年収に関する情報は，「当社から役員報酬以外に多額の金銭その他の財産を得ている」の定義の中で，「役員報酬以外に役員に就任している企業グループとの取引額が，社外役員の総収入の○○%以上または○○万円以上である」等の記載があります。

この重要な独立性の要素が，議論されることがないのは残念です。

I氏ご回答

Q1－1（選任基準）

→東証一部上場の会社については当該基準は（一応）あり，取締役・監査役間で共有されています。

Q1－2（再任・続投基準）

→同上です。

Q2（解任基準）

→同上です。

Q3（後継者計画）

→同上です。

Q4－1（現CEO選任への関与）

→東証一部上場の会社においては社外取締役として事前に諮問を受けています。

ジャスダック上場の会社においては関与はありません。

Q4－2（CEO続投期間）

→特段の見解はありません。

Q4－3（CEO再任・続投の定期的検討）

→していません。

Q４－４（次期 CEO 選任への関与）

→東証一部上場の会社では事前に諮問にあずかります。

ジャスダック上場の会社では社内規則上は取締役会のみですが，適宜，意見を述べたいと考えています。

Q５（投資家との対話）

→ありません。

Q６－１（委員会）

→上記のとおり東証一部上場の会社につき，諮問委員会はありますが，指名委員会，報酬委員会はありません。

Q７－１（あるべき姿―CEO 決定主体）

→ウ　業務執行側と社外役員等が協働

Q７－２（あるべき姿―対話スタンス）

→ウ　投資家・株主との接触は，業務執行者・IR 担当者等に委ね，原則的に自らは対応しない。

Q７－３（あるべき姿―オーナー会社・子会社の上場問題）

→ア　上場は禁止せず，市場・投資家の判断に委ねる

Q10 －１（監査役会設置会社の方々への質問―監査役の関与）

→法令に従い，監査役会，取締役会の場で検討するのみです。

Q10 －２（監査役会設置会社の方々への質問―監査役の委員会参加）

→監査役の職務，他のガバナンス形態との違いに鑑み不適当と考えます。

Q11（自由なご意見・ご感想）

→特にありません。

Ｊ氏ご回答

Q１－１（選任基準）

→あります。

→役員＋総務部。

Q1－2（再任・続投基準）

→あります。

→役員＋総務部。

Q2（解任基準）

→ありません。

Q3（後継者計画）

→ありません。

Q4－1（現CEO選任への関与）

→ヒアリング。

Q4－2（CEO続投期間）

→4期。

Q4－3（CEO再任・続投の定期的検討）

→しています。

Q4－4（次期CEO選任定への関与）

→関与します。

Q5（投資家との対話）

→ありません。

Q6－1（委員会）

→ありません。

Q7－1（あるべき姿—CEO決定主体）

→ウ　業務執行側と社外役員等が協働　が望ましいです。

Q7－2（あるべき姿—対話スタンス）

→イ　投資家・株主から求められれば，合理的な範囲で対応する

Q7－3（あるべき姿—オーナー会社・子会社の上場問題）

→エ　特則市場も含め上場不可

Q9－1（監査等委員会設置会社の方々への質問—監査等委員会の関与）

→候補者へのヒアリング。

Q9－2（監査等委員会設置会社の方々への質問—監査等委員会のあるべき姿）

→実質的な指名委員会，報酬委員会の役割。

Ｋ氏ご回答

Ｑ１－１（選任基準）

→両社とも明確な基準等はございません。

Ｑ１－２（再任・続投の基準）

→両社とも明確な基準等はございません。

Ｑ２（解任基準）

→両社とも明確な基準等はございません。

Ｑ３（後継者計画）

→両社とも明確な計画はございません。

Ｑ４－１（現 CEO 選任への関与）

→両社とも関与しておりません。

Ｑ４－２（CEO 続投期間）

→一方は，比較的長期間続投でよいものと考えております。
他方は，数年以内の続投に限定すべきものと考えております。

Ｑ４－３（CEO 再任・続投の定期的検討）

→一方は時折検討しておりますが，両社とも定期的に検討しているわけではございません。

Ｑ４－４（次期 CEO 選任への関与）

→両社の今後の組織体制等にもよりますが，後継者決定直前に話し合うのではなく，常日頃から定期的に話し合うようにできればと考えております。

Ｑ５（投資家との対話）

→両社ともございます。

Ｑ６－１（委員会）

→一方は，報酬委員会及び指名委員会がございますが，他方は両委員会ともございません。

Ｑ６－２（委員会が存在する場合）

→役付取締役及び社外取締役がメンバーであり，弊職もメンバーに含まれています。

Q7－1（あるべき姿―CEO 決定主体）

→ウ　業務執行側と社外役員等が協働（ただし，会社の状況等による。）

Q7－2（あるべき姿―対話スタンス）

→イ　投資家・株主から求められれば，合理的な範囲で対応する（ただし，会社の状況等による。）

Q7－3（あるべき姿―オーナー会社・子会社の上場問題）

→イ　厳格な条件の下に上場許容

Q10－1（監査役会設置会社の方々への質問―監査役の関与）

→両社とも業務執行者の選解任や後継者養成計画策定に関し，明確な機能・役割はございませんが，日頃より気に掛けています。

Q10－2（監査役会設置会社の方々への質問―監査役の委員会参加）

→役員の人数・構成，社外取締役が保有する情報量などにもよるため一概にはいえませんが，社外取締役があまりに少なく，情報もそれほど有しておらず，充実した議論ができないようであれば，「社外」監査役も関与した方がよい場合があるものと思料されます。

L 氏ご回答

Q1（選任基準）

→ありません。

Q1－2（再任・続投基準）

→ありません。

Q2（解任基準）

→ありません。

Q3（後継者計画）

→ありません。

Q4－1（現 CEO 選任への関与）

→事前に非公式に意見を求められた。

Q4－2（CEO 続投期間）

→通例，３期６年なので，それまで続投するのが望ましい。

Q４－３（CEO 再任・続投の定期的検討）

→していない。

Q４－４（次期 CEO 選任への関与）

→特に関与する気はない。

Q５（投資家との対話）

→一部の投資家とは，したことがある。

Q６－１（委員会）

→最近，任意の委員会として作った。

Q６－２（委員会が存在する場合）

→社外取締役２名と CEO の３名構成。

→回答者はメンバーではない。

→委員会は CEO 選解任について審議する。決定権は取締役会。

Q７－１（あるべき姿―CEO 決定主体）

→ウ　業務執行側と社外役員等が協働

Q７－２（あるべき姿―対話スタンス）

→ウ　投資家・株主との接触は，業務執行者・IR 担当者等に委ね，原則的に自らは対応しない

株主の意向を全く無視して，主体性は発揮できないのではないか。

社外役員はコンプライアンスやガバナンスの観点から役員人事に関与すべき。

Q10－１（監査役会設置会社の方々への質問―監査役の関与）

→監査役は CEO 等の選解任については，全くノータッチ。

Q10－２（監査役会設置会社の方々への質問―監査役の委員会参加）

→社外の役員も業務執行側の誘導に乗りやすいので，監査役も委員会に入れた方が良い。

Q11（自由なご意見・ご感想）

→役員報酬については，その決め方も含め有報等での透明性を持たせた方が良い。

M氏ご回答

Q1－1（選任基準）

→ある。

→指名報酬委員会（任意設置）のみ。

Q1－2（再任・続投基準）

→ある。

→指名報酬委員会のみ。

Q2（解任基準）

→ない。

Q3（後継者計画）

→ない（但し，検討課題として認識している）。

Q4－1（現CEO選任への関与）

→取締役会付議事項として。

Q4－2（CEO続投期間）

→通算で8年程度（個人的見解として）。

Q4－3（CEO再任・続投の定期的検討）

→指名報酬委員会で毎年検討している。

Q4－4（次期CEO選任への関与）

→取締役会付議事項として。

Q5（投資家との対話）

→ない。

Q6－1（委員会）

→任意の機関として設置されている。

Q6－2（委員会が存在する場合）

→社外取締役4名及びCEO。

→メンバーではない。

→取締役として選任（再任）の際に適否を検討する。

Q7－1（あるべき姿―CEO決定主体）

→ウ　業務執行側と社外役員等が協働

Q7－2（あるべき姿―対話スタンス）

→イ　投資家・株主から求められれば，合理的な範囲で対応する

Q7－3（あるべき姿―オーナー会社・子会社の上場問題）

→ア　上場は禁止せず，市場・投資家の判断に委ねる

Q10－1（監査役会設置会社の方々への質問―監査役の関与）

→任意設置の指名・報酬委員会が主導しており，監査役は必要と考えれば意見を述べるという受動的な役割。

Q10－2（監査役会設置会社の方々への質問―監査役の委員会参加）

→監査役会設置会社である以上，現行会社法の下で積極的・能動的に関与することは難しいと思われる。

Q11（自由なご意見・ご感想）

→会社が投資家目線でガバナンスを考える契機となっており，この点では，望ましい動きと考える。

他方，各社はそれぞれのカルチャーをもって成長してきているという側面もあり，形だけ各コードに従うという姿勢にならないよう注意すべき。コードの各項目の趣旨を理解した上で，各社に適した形でその趣旨をとり込んでいくことが望ましい。

第５章

親会社の子会社経営陣の選解任・後継者計画に関する関与

2019年CGS研究会報告は，親会社が子会社を適切に管理支配することの必要性を繰り返し強調する。

その一環として，親会社指名委員会・報酬委員会等の子会社経営陣の選解任・報酬決定，更には，子会社CEOの後継者計画への関与も示唆する。親会社が自らの企業集団の価値を維持向上させるべく，子会社を適切に支配管理する必要性に関しては，今日，おそらく異論はないと思われる。それでは，親会社が子会社を支配管理する根拠は何処に求められるべきか。

前記報告に関しては，旬刊商事法務2208号（2019）に「グループガイドラインの実務への活用」と題する特集が掲載されている。その「Ⅲ子会社経営陣の指名・報酬」では，塚本英巨弁護士が，本章のテーマである子会社経営陣の選解任・報酬策定に関する親会社関与に関し，ガバナンスの観点から，詳細な検討を加えておられる。読者各位におかれては，是非，ご一読頂きたい。本章では，視点を変えて，会社法的観点から，このテーマを考察する。

即ち，「子会社役員の選解任・後継者計画に関し，会社法上，親会社は如何なる権利・権限を有し，親会社取締役会及びその構成員は，如何に関与すべきか」との視点から，検討を試みる。なお，本章では，特段の言及がない限り，子会社としては，いわゆる完全子会社ないし少数外部株主が存在しても親会社の持株比率が圧倒的な非上場会社を想定する。

1　株主権を基本とする子会社の管理支配

筆者は，2019年CGS研究会報告が示唆する親会社の子会社経営陣の選解任・報酬策定への関与も，その基本的かつ究極的な正当性の根拠は，やはり会社法上の株主権に求められるべきと考える。

会社法上，親会社が子会社を支配管理する権限は，大別して，議決権を中心とする総会議事に参加する権利と，その余の監督是正権に分けられよう。

議事参加の中心は当然議決権で，株主提案権等がこれを補完する。総会決議事項の範囲は，取締役会設置会社とその余の会社で異なり，前者では会社法及び定款所定の事項に限定されるが，なお定款変更，組織再編，取締役・監査役の選解任，剰余金処分等のガバナンス上の重要事項をほぼ網羅する。取締役会設置会社以外の会社の場合，格別の限定なく，組織・運営・管理に関する一切の事項を決議することができる（会社法295条)。総会参加以外の監督是正権としては，帳簿閲覧権，違法行為差止請求権，検査役選任請求権，代表訴訟等による責任追及等を挙げることができる。親会社等の支配株主の場合，総会決議事項に関する限り，大半の場合に，最終的には自らの意思の実現が可能である。親会社等の支配株主がその意思を実現する際，株主提案権・動議提出権は特に重要な意味を持つ。例えば，監査役・監査委員等の監査役員の選任議案を提案するには監査役会・監査等委員会の同意を要するが，株主提案権に基づく場合は同意不要と解されている（通説)。このように強大な親会社等の権利を制限する法理としては，僅かに2019年改正会社法304条，305条に基づく提案権制限，会社法831条所定の総会決議取消訴訟等を想定し得る程度である。今日，会社法に固執しては適正な企業集団の運営は困難とし，ここから離れてあるべき像を追求しようとする動きも散見される。

しかし，親会社が子会社に対し有する株主権はやはり強大で，子会社に対する支配管理は株主権を出発点として検討されるべきと考えられる。このことを，本稿のテーマであるCEO選解任及び後継者計画等を中心に，密接に関連する報酬決定等も視野に入れつつ，検討する。

2　子会社経営陣人事への親会社取締役会関与

(1)　一任禁止の原則

旧商法以来，業務執行に関する決定（以下，本章において業務決定）の内，重要な事項に関しては，代表取締役の専決を禁止し，取締役会の決議を経ることを要求してきた。

この考え方は，現行会社法でも，原則的に維持されている。

まず，同法362条4項は，監査役会設置会社に関し，重要な業務決定の代表取締役への一任を禁止し，例外を認めない。

次に，399条の13第4項は，監査等委員会設置会社に関しても，重要な業務決定の代表取締役への一任を原則的に禁止する。例外として，同条5項は取締役の過半数が社外の場合には，同項各号所定の事項を除き取締役会決議による代表取締役への一任を許容し，同条6項は定款に授権規定がある場合の準用を規定する。但し，定款規定による授権に関しては，立法論的に批判も強い。

一方，指名委員会等設置会社に関しては，会社法416条1項1号は，一応，業務決定を取締役会の所管事項と規定する。しかし，同条4項は，同号各号所定の事項を除き，取締役会決議により業務決定を執行役に委任することを認める。前記監査役会設置会社，監査等委員会設置会社のような原則的禁止規定は，存在しない。これは，指名委員会等設置会社においては社外取締役主導の指名・報酬決定が強制されることに伴う当然の差異というべきである。この点に関しては，後に**7**で検討する。

(2)　モニタリング重視の最近の潮流

上記の通り，会社法は，重要な業務決定の代表取締役への一任禁止を原則的に維持しつつも，会社類型等に応じ，緩和する方向性も示している。取締役会の監督機能＝モニタリングを重視する近年の大潮流を受けたものである。仮に，監督機能重視の傾向を推進するならば，業務決定への関与は，できる限り抑制すべきと考えられる。

理由の一つとしては，監督の中心たるべき社外取締役に業務への精通を期待し難いことも，挙げられる。しかし，最大の理由は，監督機関＝取締役会自身が業務執行に深く関係することに伴う自己監督の回避にあるといえよう。

(3)　業務決定の一任は可だが決定権者に対する監督は不可欠

前記のように，取締役会が関与する業務決定の範囲を縮減しようとする動きもある中，2019 年 CGS 研究会報告が，親会社にとり業務執行の性格も強いかと思われる子会社経営陣の選解任・後継者計画への社外取締役の関与を提唱したことを，どのように理解すべきであろうか。

ポイントは，業務決定権の帰属と，決定権者に対する監督との区別にあると考えられる。

業務決定の一任は，一任された決定権者に対する実効性のある監督を前提とする。業務決定自体の一任は，一定要件の下で許容されても，決定権者に対する監督の放棄は許されるべきでない。監督の最重要手段はいうまでもなく選解任であり，報酬決定等がこれに次ぐ。会社法も，選解任をはじめとする業務決定権者に対する監督は取締役会等が自ら行うことを，厳しく要求する。

このことは，指名委員会等設置会社に関しても，例外でない。同委員会設置会社の場合，前記の通り，会社法 416 条４項により，相当広汎な業務決定に関し，執行役への一任が許容される。他方，選解任を含む執行役に対する監督権に関しては，必ず取締役会が自ら行使することが要求され，他への委任は許されない。まず，416 条４項９号及び 11 号は，執行役及び代表執行役の選解任に関し，執行役一任を禁ずる。加えて同条２項は，複数の執行役が存する際の指揮命令等の相互関係についても取締役会自身が決議することを要求する。執行役の報酬は，いうまでもなく法定の報酬委員会の専権である。

監査等委員会設置会社においても，もとより代表取締役の選解任（会社法 399 条の 13 第１項３号）は，会社法 399 条の 13 第５項・６項による授権対象に含まれず，取締役会自身で決議することを要する。

(4)　子会社経営陣の選解任・報酬決定の二面性

株主権行使を通じた子会社経営陣の選解任・報酬決定は，親会社単体としては，紛れもなく業務執行の一環であり，その決定は業務決定である。現行会社法の文理解釈としては，当然，このような結論となろう。他方，企業集団全体として観れば，実質的には決定権者に対する監督的な要素も強い。今後，取締役会のモニタリング重視の傾向がより進む中で親会社取締役会の子会社経営陣の選解任・報酬決定への関与を考える際に，この二面性の考慮は不可欠と思われる。

しかし，将来の方向性は兎も角，わが国の現状では，上場会社の大半が依然として監査役会設置会社である。又，指名委員会等設置会社においても，前記会社法416条4項が許容する最大限，執行役に業務決定を一任しているとは，必ずしも限らないようである。

このような現状に鑑み，前記の近年の潮流も念頭に置きつつ，業務決定の一任禁止を前提に，検討を進める。

3　子会社に対する株主権行使と親会社取締役会

(1)　子会社に対する株主権行使の重要性

親会社にとり，子会社に対する株主権行使が業務執行に該当することは，明らかである。

連結経営が定着した今日，子会社に対する有効な支配管理（ひいては適切な連結経営実現）のために株主権を行使することは，親会社の業務執行として重要性を帯び，子会社の支配管理を主たる目的とする持株会社等においては，このことは特に強く妥当しよう。

会社法362条4項等の重要な業務決定の一任禁止の原則の下，子会社に対する株主権行使を例外と解すべき理由は，何ら見出すことができない。

従って，子会社に対する株主権行使中，重要性の高い事項は，前記**2**の委任が認められる場合を除き，親会社取締役会の決議事項とするべきと考えられる。

まず，子会社経営陣の選解任，換言すれば子会社総会における取締役・監査役の選解任に関する議決権行使などは，一般に重要性が高いといえる。再任に関する決議も，例外でない。これらと密接に関連する子会社経営陣の報酬に関する議決権行使等にも，相当の重要性が認められよう。又，望ましくないことであるが，子会社経営陣にその職責に堪えられないと考えられる事象が生じる可能性も，想定の必要がある。

この場合に関しては，次に検討する。

(2) 内部統制の観点からの株主権行使

2019年CGS研究会報告は，随所でグループベースでの内部統制を重視し，この観点から，親会社の子会社に対する関与・監督的機能の重要性を強調する。親会社の子会社に対する監督に関しては，会社法上，明確な根拠条文もなく，法人格の独立性を基盤とする現行会社法では不十分として，本格的な企業結合法制の導入を求める声も強い。

しかし，前記の通り，会社法，親会社等の支配株主が有する株主権は，相当広汎かつ強力といえる。現行法の下でも，この株主権を適正かつ積極的に行使することにより，相当の効果を収めることが可能と思われる。このことを，本稿のテーマである子会社CEO等の解任（交代）を例に検証する。

子会社のCEO等の行為により企業集団全体に軽微でない損害発生の危険性がある場合，当該子会社が独立の法人格を有する以上，親会社としては拱手する他ないであろうか。決して，そのように考えるべきではない。

会社法360条は，取締役の法令・定款違反行為により会社に損害が生じるおそれがある場合に，株主に差止請求権を認める。その要件は，監査役員を置く監査役設置会社等においては「回復すべからざる損害」であるが，監査役員を置かない会社に関しては「著しい損害」で足る。前者の「回復すべからざる」との要件も，会社が破綻するような重大性を要求する趣旨ではなく，当該取締役に対する損害賠償の請求等で補填が不可能という程度で足ると解される。裁判外での行使も可能であり，子会社経営陣の経営裁量との関係で一定の制約はあるものの，法令違反には善管注意義務・忠実義務違反も含まれるとするのが通説である。会社法360条所定の差止請求権は，意外と広汎かつ機動的と評し得る。

例えば子会社が明らかに杜撰と思われる投資を強行しようとする場合，

親会社経営陣が当該子会社 CEO の来訪を求め当該投資の中止を強く求めること等も，当事者が意識するか否かを別として，同条の権利行使の一態様と言い得るかと思われる。親会社の説得にもかかわらず，再考しない場合には，当該子会社 CEO の退任要求も選択肢の一つとなろう。

このような場合に親会社の要求の実効性を最終的に担保するのも，やはり会社法上の株主権といえる。

取締役・監査役の任期中の解任はもとより総会の決議事項であるが，議決権の 100 分の 3 以上を保有する株主には，提案権に加え，総会の招集を請求する権利が認められる。会社が応じない場合，株主は裁判所の許可を得て自ら総会を招集する途もある。通常，親子会社間で，総会招集請求権を行使しての取締役期中解任のような「むき出しの株主権行使」が現実化する事例は稀であろう。しかし，親会社等の支配株主は，会社法上の株主権行使を通じて，本人の意思に反して取締役を期中解任することが可能であることは，銘記する必要がある。根底にかかる株主権が有る故に，親会社が子会社 CEO 等に対し自発的辞任を要求し実現させることにも，正当性が認められよう。

連結経営が定着した今日，会社法上の株主権を究極の根拠とする影響力の行使も，優に親会社の業務執行の一環と考えられる。従って，その重要性に応じて，親会社取締役会の報告事項ないし決議事項に該当するというべきである。

(3)　いわゆる株式報酬

2019 年 CGS 研究会報告が取り上げる子会社役員報酬中，いわゆる株式報酬は，会社法上，金銭報酬と全く異なる規律を受ける。即ち，親会社株式を用いて付与される限り，常に親会社取締役会決議事項となる。子会社に対する株主権行使とは別個の考察を要するが，本稿のテーマから外れるので，これ以上の言及は避ける。

(4)　全取締役会構成員の参画の必要性

子会社に対する株主権行使に関する決定が，重要な業務決定として親会社取締役会付議事項に属する以上，独立社外取締役を含む全取締役は，参画の義務を負い，議案提出権も有する。親会社監査役にも，取締役会への出席・発言を通じての参画が求められる。

取締役会付議事項である以上，同会決議に先立ち，あるいは決議の要否を判断すべく，任意の指名委員会・報酬委員会等の内部委員会に諮問することにも，正当性が認められよう。

親会社取締役会への提出議案には，例えば，「○○株式会社第○回定時総会での取締役・監査役選任議案に関する議決権行使の件」というようなタイトルを付すことまでは，必須と解すべきではない（もとより，このようなタイトルを付すことは，明確化の観点からは，好ましいことである）。例えば，「○年度グループ会社役員人事の件」というような形で提出されたとしても，子会社名，候補者氏名，取締役・監査役の別が特定されていれば，差し支えないと思われる。取締役会付議議案中に，社長・常務取締役等の職位名等，会社法上，子会社機関の決定に属する事項が含まれているとしても，勧告決議的要素も併有すると解されよう。肝要であるのは，「重要子会社の総会での取締役・監査役選解任に関する議決権行使を，代表取締役の専決に委ねないこと」である。

(5)　社外取締役の業務執行の原則的禁止

2019年CGS研究会報告は，子会社経営陣の後継者計画等，従前の通念では親会社CEO等の専権と考えられてきた事項に関しても，独立社外役員の関与を示唆する。前記の通り，これら事項は，企業集団全体として観れば，実質的に監督的要素も強く，社外者の関与にも，ガバナンスの観点からは合理性も認められよう。但し，社外取締役の業務執行を禁止する会社法２条15号との関係にも，留意は必要である。

関与が禁じられる業務執行の範囲に関しては，近年，社外取締役の機能重視の潮流を受けて，ある程度，柔軟に解釈しようとする試みも，種々，行われてきた。このような流れを受けて，2019年改正会社法348条の２は，「利益相反回避等のために，取締役会のその都度の決議を行う行為」に関しては，社外取締役の関与を解禁した。現時点（2020年1

月時点）では，改正会社法は未だ施行されておらず，今後，果たしてどの範囲の行為が解禁されるかは，今後の論議に待つ他ない。但し，改正会社法も，社外取締役による業務執行の原則的禁止を維持したことには，留意が必要である。

(6) 業務執行と決定の区分

会社法は，社外取締役による業務執行を原則的に禁止する一方で，前記の通り，重要な業務決定に関しては，CEO等の専決を禁じ，必ず取締役会の決議を経ることを要求する。換言すれば，社外取締役も，重要な業務決定には必ず関与を強制される。

今後，社外取締役の役割・機能を検討する際には，原則的に担うことが禁止される業務執行と関与が強制される業務決定との区分が重要となり，子会社経営陣の選解任・報酬策定等に関しても，例外と解すべき理由はない。この業務執行と業務決定の区分に関しては，**第7章**もご参照願いたい。

実務上，両者の境界は微妙な場合もあるかと思われる。但し，取締役会付議案件に関し，事前に調査検討を加え自らの見解を形成し取締役会の席上で開陳すること，事前に他の取締役会構成員と意見交換を行うこと等が，取締役会構成員としての職責に属することに関しては，異論はないと思われる。又，取締役会に対し自ら議案の提案・発議等を行い，あるいは招集権者やCEOに対し提案を促すことも，当然，構成員として認められるべき職責といえよう。

今後，子会社経営陣の選解任・報酬策定・後継者計画等に関する親会社社外取締役の関与を検討する際には，業務執行と業務決定の区別の必要性を十分に認識した上で，業務決定への関与及びこれに付随する行為としての位置付けを明確化することが強く望まれる。

４ 集権化・分権化の選択・調整と経営判断原則

(1) 集権化と分権化の調和の要請

上述の通り，親会社が会社法上許容される最大限に株主権を行使する場合，2019 年 CGS 研究会報告が示唆する方向性でも，相当程度，実現可能と考えられる。仮に，最大限に行使した場合，相当集権的なガバナンスとなる。

他方，子会社を活性化し結果として企業集団全体の価値を最大化させる観点からは，一定程度の分権化が有効な場合も少なくない。前記報告も，その 21 頁で，親会社による管理と分権化の調和の必要性にも，次の通り，言及している。

> グループ設計に際しては，迅速な意思決定と一体的経営や実効的な子会社管理等の必要性を総合的に勘案し，分権化と集権化の最適なバランスが検討されるべきである。特に，事業部門等への分権化を進める場合には，事後的な業績モニタリングや，事業部門等の長に対する人事・報酬決定権限の行使を通じたグループ本社によるコントロールの確保も重要である。

親会社としても，必ずしも全ての子会社に関し，一律に集権的ガバナンスを採用することが好ましいとも限らない。子会社に対する適正な株主権行使を前提に，子会社毎の個別具体的な属性・状況等に応じ，一定程度の分権化を図ることにも合理性は認められる。このような観点から，現行会社法を前提に，分権化が許容される限度及び分権化に際しての留意事項を，検討する。

(2) 子会社経営陣選解任等の二面性

前記の通り，株主権行使を通じた子会社経営陣の選解任・報酬決定は，会社法の解釈論としては親会社の業務執行の一環と解されるが，グループ経営の観点からは決定権者に対する監督的な要素も強い。集権と分権の調和も，この二面性を十分に考慮の上，検討されるべきといえる。

(3)　許容される分権化の限度

次に，前記(1)・(2)の視点を踏まえつつ，事項別に分権化の許容限度を考える。

①　子会社経営陣の選任（再任を含む）

親会社は総会議決権行使を通じて，選任の可否を判断することが求められる。再任の場合も，同様である。従って，選任に関する集権化・分権化の境界は，総会に附議する候補者選定に関し，親会社・子会社のいずれが主導するかに帰着するかと思われる。子会社 CEO 等の経営トップの選定を当該子会社の主導に委ねるには，相当の理由が必要かと思われる。これに対し，子会社従業員からの内部昇進に関し当該子会社の提案を尊重することには，合理性が認められる場合も少なくないかと思われる。

但し，子会社に一定の主導性を認める場合も，後述の通り，再任に際しては，在任中の職務遂行に関するレビューは不可欠と考えられる。

②　子会社経営陣の報酬

子会社経営陣中，取締役である者の報酬は，当該子会社が指名委員会等設置会社でない限り，子会社総会決議事項（会社法 361 条）であり，親会社は議決権行使による関与が必須である。最も集権的な態様としては，経営陣たる子会社取締役の個人毎に親会社が報酬原案を策定し当該子会社の総会で決議する方法が想定される。

次いで，親会社主導で子会社総会付議議案を策定するが，当該子会社の全取締役を通じた総額方式（上限方式）とし，総額の範囲内での配分は子会社に委ねる方法も考え得る。

最も分権的な態様は，総会付議議案も子会社自身が策定し，親会社は議決権行使を通じてレビューするに止める方式が想定される。現時点での筆者の私見であるが，完全子会社ないしこれに準ずる子会社に，いわば上場会社に準ずるような主導性を認めるには，相応の理由が必要かと思われる。

③　事件等の発生への対応

事案の性質・軽重によろう。

例えば，重要子会社で長期間にわたる大規模な不適切経理が発覚したようなケースであれば，企業集団全体の価値等に重大な影響を及ぼすので，親会社として等閑視は許されないであろう。親会社自身が率先して事実関係調査等に努め，再発防止策等を講じた上で，当該子会社の経営陣の更迭等も検討すべきであろう。

他方，子会社経営陣の一人が日常業務等の過程で発生させた単発的なハラスメントのような事案であれば，当該子会社の内部管理体制整備状況等も考慮の上，自主的対応に委ねることも考え得るであろう。

(4)　分権化の条件

前記のように一定限度で分権化を図るに際は，次のような諸点には，特に留意が必要と考えられる。

一つには，分権化の可否及び程度は，親会社が，各子会社の属性・状況等に応じ，いわゆる経営判断の原則に従い，適正な検討手続を経て，自覚的に判断すべきことである。漫然と放置した結果としての分権的情況は好ましいとはいえない。

次に，分権化は，決して放任を意味するものでなく，必ず適切な事後的モニタリングを伴うことを，明確化すべきである。例えば，ある子会社に対し，取締役候補者の選定，役員報酬配分等に関し自主性を認めた場合，業績が低下し続けるにもかかわらず漫然と経営陣再任決議に賛同し，取締役報酬の総額を維持するような姿勢は好ましくない。このような場合，当該子会社の経営陣に低下の原因及び改善策に関する説明を求める，報酬枠の削減を提案し，更には再任を拒否する等，自主性尊重に対応する事後的な責任も明確すべきである。前記の通り，2019 年 CGS 研究会報告も，事後的な業績モニタリング，選解任・報酬決定権の適切な行使の重要性を強調する。

5　親会社における任意委員会

先に述べた通り，重要子会社の取締役・監査役の選解任に関する議決権行使が取締役会付議事項と解される以上，決議に先立ち，あるいは決議の要否を判断するために，任意の指名委員会等に諮問すること自体は，望ましいことといえる。子会社経営陣の報酬に関しても同様と考えられる。

⑴　任意委員会の位置付け・機能等

この点に関しては，以下の通り，種々の選択肢がある。

ア　親会社の任意の指名委員会等と同一か，別個に設置するか

同一委員会の場合，当該委員会が指名委員会等設置会社の法定の委員会である場合はもとより，CG コード補充原則 4 － 10 ①に即して設置された任意委員会に関しても，独立社外取締役主導が要請される。これに対し，親会社に関する委員会とは別個に，例えばグループ会社指名委員会・同報酬委員会というような形式で設置する場合には，ある程度，柔軟な対応も可能と考えられる。

イ　レビュー機関か，原案策定機関か

任意委員会に，どの程度強い実質的権限を与えるべきか，即ち，原案策定を委ねるべきか，CEO 等の業務執行機関が策定した原案のレビューに止めるべきか等に関しては，種々の考え方があろう。子会社経営陣の選解任・報酬策定は，前記補充原則 4 － 10 ①が想定する親会社自身の取締役人事に比し，日常的業務執行たる性格が格段に強い。従って，親会社に子会社経営陣の選解任・報酬策定等に関する任意委員会を設置する場合にも，その役割は，必ずしも親会社の指名・報酬策定等と軌を一にする必要性はない。例えば，親会社の社外取締役候補者策定に関しては，ガバナンスの実効性の観点から独立社外取締役主導の任意委員会に原案策定を委ねるが，子会社役員に関しては，親会社 CEO の主導性及び子会社の自主性を

尊重しレビューに止めるというような方向性も，十分に想定される。特に，子会社の自主性を一定程度，尊重する場合には，必然的にレビュー機関となろう。

上記**ア**，**イ**の組合せ等により，任意委員会の性格・位置付け，ひいては企業集団のガバナンスに関し，種々のバリュエーションが生じる。この問題は，後に「**6　グループガバナンスの一例**」の項で，詳しく取り上げたい。

(2)　子会社 CEO 等の退任への関与

前記の通り，不幸にして重要子会社経営陣にその職責に堪えられないと判断すべき状況が生じた場合，親会社取締役会は，辞職勧告決議等を検討すべきと思われる。かかる取締役会決議に先立ち，恣意性を排除し客観性を担保すべく，社外取締役主導の任意の指名委員会等に諮問することも，もとより可能で望ましいといえよう。更には，取締役会決議事項である以上，社外者を含め取締役会構成員には，動議等（情況如何では取締会招集請求）の形式で発議することも，是認されるべきである。例えば，社外取締役が重要子会社で発生した事件に関し調査委員会委員の一人として調査に当った場合，取締役会に当該子会社 CEO に対する辞職勧告決議を発議すること等は，取締役としての本来の職責に属すると考えられる。

(3)　後継者計画への関与

2019 年 CGS 研究会報告は，子会社 CEO の後継者計画に関しても，親会社指名委員会等の関与を示唆する。後継者計画と親会社・子会社の会社経営陣選解任との関係については，次のような種々のアプローチを考え得る。

ア　親子間での後継者育成・選定に関するノウハウ等の共有
イ　親会社・子会社間での育成・選定プログラムの部分的共有化
ウ　親会社後継者計画で候補者として選定された者の中からの子会社

CEO 等の選定（親会社計画の子会社へのある意味での転用）

エ　子会社 CEO 経験者等の親会社 CEO 及び経営幹部の重要な人財源としての位置付け

オ　親会社 CEO 等の育成に関する効果的なタフトレーニングの一手法としての子会社 CEO 等の体験

上記の通り，親会社・子会社の経営陣選任と各々の後継者計画は，当然のことながら，密接に関連している。2019 年 CGS 研究会報告が示唆する親会社の任意委員会と子会社後継者計画との関係は，上記の通り，種々のアプローチから検討可能と思われる。

但し，注意を要するのは，後継者計画の策定・運用は，日常業務としての職員人事・教育訓練との関連性が極めて強いことである。この観点から，会社法 2 条 15 号により原則的に業務執行を禁じられた社外役員の後継者計画への関与に関しては，一定の注意と自制も，求められよう。

6　グループガバナンスの一例

次に，現行会社法を前提に，2019 年 CGS 研究会報告の方向性に即し，若干のモデル試案を紹介する。

以下は，あくまで現段階で筆者が想起した試案に過ぎず，特に強く推奨する意図は有しない。読者各位が，ご自身に適したガバナンス像を模索されるに際し，一つの参考としてご活用頂ければ，幸いである。なお本稿のテーマからは外れるが，関連性もある経営陣報酬に関しても，ご参考のために紹介させて頂く。

(1)　親会社主導・独立社外取締役主導型

具体例としては，以下のようなものが想定される。

（経営陣選任）

ア　親会社取締役会で「グループ役員選任・後継者育成計画」を決議。複数の独立社外取締役及び会長（前 CEO，非業務執行）で構成される任意の指名・報酬委員会（以下，委員会）を設置。委員長は独立社外取締役

イ　委員会で計画の対象者を選定（定期的に追加・削除）

ウ　グループ会社の経営陣選任（再任を含む）に際しては，委員会が対象者選定（適格性にタフトレーニングの観点も加味)。全員一致を志向しつつも，最終的には多数決を行う。全員一致でない場合は，取締役会には，少数意見も報告

エ　委員長が構成員として親会社取締役会に発議（その際，委員会における少数意見も報告）

↓

親会社取締役会は，委員会の手続の適正性及び内容的合理性（明らかに不合理でないという意味での合理性）を確認の上，子会社に提案する候補者又は総会議決権行使の内容として決議

↓

親会社 CEO が，子会社に対し株主提案権を究極根拠に各社役員候補者を提案

オ　委員会は，対象者を定期的に評定し，報酬策定・候補者選定等に活用し，不適任と判断すれば対象者から除外（以後，再任も含め親会社・主要子会社の役員候補者から除外）

カ　委員会が著しく不適任と判断した場合には，親会社取締役会に対しその旨を報告

↓

親会社取締役会は，会社法上の解任決議を究極根拠に辞任の勧告決議

（報酬策定）

ア　委員会が親会社・主要子会社を包含する役員報酬に関する基本原則を策定

（取締役の統一原則は，基本報酬＋業績連動＋株式報酬）

イ　前記**ア**の基本原則に基づき，親会社・主要子会社の役員個人の報酬を実額で策定

ウ　委員長は前記**イ**の策定額を親会社取締役会に報告

↓

　親会社取締役会は，委員会の手続の適正性及び内容的合理性（明らかに不合理でないという意味での合理性）を確認の上，子会社総会における議決権行使内容として決議

↓

　親会社取締役は，各子会社に決議内容（個々人毎の具体的策定額）を通告し，子会社側は当該金額で総会付議

　会社法361条等の文理解釈上，指名委員会等設置会社を除き，取締役・監査役の報酬は，総会決議で個々人毎に具体的に決定することも，可能である。

　多くの場合，総会では取締役・監査役の報酬は総額で決議され，具体的な配分等は，取締役会決議及び監査役の協議に委ねられる。しかし，このような決定方法は，株主のマジョリティが賛同することが前提となる。仮に，株主のマジョリティがかかる決定方法を承諾せず，個別の取締役・監査役毎に具体的金額・算式等で決議することを要求する場合，この要求を容れなければ，報酬決議は可決されず，報酬の支給も不可能となる。

　2019年CGS研究会報告は，グループ全体で統一的な役員報酬体系を採用することを推奨しているが，少なくとも国内子会社に関する限り，会社法361条等の文理解釈上，可能と考えられる。

(2)　モデレート型

　次に，2019年CGS研究会報告を踏まえつつも，平均的な大規模上場会社において検討可能であり，現行会社法ともより整合的と思われる類型を示す。

（経営陣選任）

ア　親会社取締役会で「グループ役員選任・後継者育成に関する基本計画」（以下，基本計画）を決議

　３名以上の独立社外取締役及び会長（前CEO，非業務執行）・CEOで

構成される任意の指名・報酬委員会（以下，委員会）を設置。委員長は独立社外取締役。社外監査役１名がオブザーバー参加

イ 親会社 CEO が基本計画に即し候補者（再任候補者を含む）を選定し，委員会に諮問。委員会で適任性を主眼にタフトレーニング的観点も加味して検討。諮問機関たる性格上，委員会では多数決制は不採用

ウ 前記**イ**の検討を経て，CEO が親会社取締役会に候補者を提案

↓

委員長は，委員会における審議経過及び結果を報告

↓

親会社取締役会は，委員会の手続の適正性及び内容的合理性（明らかに不合理でないという意味での合理性）を確認の上，子会社に対する提案及びその総会での議決権行使の内容として決議

↓

親会社 CEO が，子会社に対し株主提案権を究極根拠に各社役員候補者を提案

エ 委員会は，親会社役員及び主要子会社役員を定期的に評価し，再任の可否等に活用

オ 委員会が，特定の子会社経営陣に関し，著しく不適任と判断した場合には，親会社取締役会に対しその旨を報告

↓

親会社取締役会は，辞任の勧告決議等を検討

（報酬策定）

ア 親会社取締役会で，グループ会社の経営陣の報酬に関する基本原則（以下，基本原則）を決議

↓

親会社 CEO は，株主提案権を究極根拠として，重要子会社に対し基本原則を提示し同原則に即し報酬を設計するように要請

イ 親会社 CEO は，子会社総会の役員報酬に関する議案（原案）及び子会社事業報告（役員報酬に関する部分）の提示を受けた際には，委員会にその適否を諮問

↓

委員会は，基本計画に即し，個別重要子会社毎に，その報酬のあり方の適否を検討し，親会社取締役会に報告

↓

親会社取締役会は，委員会の手続の適正性及び内容的合理性（明らかに不合理でないという意味での合理性）を確認し，事後の重要子会社に対する株主権行使に活用

(3)　親会社としての方向性

前記の内，(1)は，2019 年 CGS 研究会報告の提言する方向性を，現行会社法上，許容されると思われる範囲内で，最も先鋭な形で具現化したものといえる。この場合，親会社 CEO の業務決定に関する権限は著しく縮減され，極端化すれば機能は COO ないし営業本部長に近接する。ここまでの独立社外主導は，意見は分かれると思われる。

これに対し，(2)は今日，大規模上場会社で採用されつつある主流的な実務と，比較的親和的といえる。

前記の通り，子会社に対する株主権行使・後継者計画の策定運用は，社外取締役が原則的に関与を禁じられる「業務執行」と微妙な関係にある。社外者の関与は，あくまで取締役会構成員としての立場で行われるべきである。その前提として，親会社において，「主要子会社に対する株主権行使＝原則的に一任が禁止される重要な業務執行の決定＝取締役会決議事項」との認識が確立される必要がある。

7　親会社が指名委員会等設置会社である場合

指名委員会等設置会社は，取締役候補者及び取締役・執行役の報酬決定というガバナンスの根幹中の根幹に関し，社外取締役主導が法定されており，この点で，監査役会設置会社・監査等委員会設置会社と根本的に異なる。CG コード補充原則 4 − 10 ①は，指名委員会等設置会社に関しては，独立社外者の取締役中に占める比率が過半数に満たない場合

にも任意委員会設置を求めないが，当然のことというべきである。

前記の通り，重要な業務決定の経営陣（指名委員会等設置会社においては執行役）への一任に関する規制も，監査役会設置会社，監査等委員会設置会社とは，大きく異なる。

この指名委員会等設置会社の基本的性格に鑑み，2019 年 CGS 研究会報告の示す方向性も，少なくともそのまま妥当するものでなく，子会社の支配管理に関する業務決定をどの範囲で執行役に委ねるかは，会社法 416 条各項に違反しない限り，取締役会の裁量に委ねられるべきである。

この特性を踏まえつつ，一応の参考例を示す。

ア　親会社取締役会で，次の各事項を決議する。

・子会社経営陣選解任・後継者育成に関する基本計画

・子会社経営陣の報酬に関する基本原則

イ　親会社取締役会は，子会社に対する議決権その他の株主権行使を会社法 416 条所定の「業務執行」と明確に位置付けた上で，同条４項に従い，その決定を執行役に委任する事項と，委任せずに取締役会自身に決定権を留保する事項を明確に区分する。

ウ　親会社執行役は，**ア・イ**の各取締役会決議に従い，業務執行の一環として役員選任・役員報酬決定に関する議決権行使を含め，子会社に対する株主権行使を行う。

上記**ア**は，会社法 416 条２項により取締役会自身での決議を義務付けられた「経営の基本方針」（同条１項１号イ）の一部と考える余地もあろう。

次に，**イ**の区分に関しては，本稿のテーマに即していうと，「当該子会社の経営陣が，親会社執行役に匹敵する程度に企業集団全体にとり重要性のある業務決定を担う蓋然性の有無・高低」を判断基準とすることも，考え得るかと思われる。

前記**２**で述べた通り，業務決定権者に対する監督は取締役会自身が行使すべき権限とされ，この観点から，執行役及び代表執行役の選解任に関しては，授権は禁じられる（会社法 416 条４項９号，11 号）。

この規律を子会社経営陣の選解任に類推することにも，一つの案としては考え得るかと思われる。

子会社経営陣の選解任及び報酬決定は，もとより法定の指名委員会・報酬委員会の専権事項に属さない。仮に，これら法定委員会で子会社経営陣の選解任・報酬を検討したとしても，法定の所管事項と別個に，取締役会が任意に委嘱した事項として取り扱われるべきである（この限りでは，各員会は任意委員会たる性格を帯びる)。各取締役は，所属委員会如何にかかわらず，主体的・能動的に決議に参画し，執行役は取締役会決議を順守しつつも，自己の責任と判断の下，その執行に当たるべきである。

8　子会社が上場会社の場合

上述の会社法上の株主権に関する規定は，上場子会社・オーナー会社等の支配株主が存する上場会社にも，妥当する。他方，上場会社である以上，支配株主以外の少数株主の擁護も不可欠である。上場子会社等，支配株主が存在する上場会社のCEO選解任・後継者計画に関しては，**第6章**で論じたい。

9　小結

以上，2019年CGS研究会報告の方向性を踏まえ，現行会社法を前提に，本稿のテーマである後継者計画・CEOの選解任を主軸に，密接に関連する報酬決定も視野に入れつつ，企業集団としてのガバナンスの実効性を検討した。

法人格独立を基本とする現行会社法に関しては，連結経営が主流となった今日の状況に十分に適合していないとの声も，しばしば耳にする。しかし，子会社に対する株主権を現行会社法が許容する範囲で最大限有効に活用するならば，前記研究会報告が示すような方向性も，相当程度実現可能と思われる。まず取り組むべきは，現行法下で何が可能かを正しく認識し，自らの企業集団の置かれた状況・各子会社の特性等に応じ，子会社をどの程度強力に支配管理し，どの範囲をその自主性に委ねるかを経営判断原則に即し適切に判断し実行に移すことといえよう。このような実践を積重ねた上で，なお明らかに不十分と思われる点や対応困難な重大な問題点等があるとすれば，その時こそ，立法的措置の提言・検討に進むべきである。

第６章

支配株主が存在する上場会社

1 問題の所在

2019年3月7日開催の第24回未来投資会議は，上場子会社問題をクローズアップし，2019年CGS研究会報告も，重ねてこの問題を取り上げた。上場子会社に関する最大の懸念点は，親会社ないし親会社を中心とする企業集団全体の利益を優先し，親会社以外の子会社少数株主の利益が犠牲にされる危険性にあることは，いうまでもない。前記CGS研究会報告も，前者の企業集団全体の利益を「全体最適」，後者の少数株主の利益を「部分最適」と名付け，両者の対立の可能性に正面から言及している。会社法上の親会社には該当しない資本上位の関連会社等が存する場合も，その議決権比率が高い場合には，同様の懸念は生じると思われる。更に，オーナー経営者等の親会社・関連会社以外の多数議決権を支配する株主が存在する場合にも，類似の懸念は生じる。他方，親会社及び資本上位の関連会社等は，その株主に対し自ら及び自らを中心とする企業集団の価値の最大化を実現する責任を負う。又，会社法362条4項・5項により，企業集団全体の内部管理・内部統制の構築を義務付けられる。それでは，かかる企業集団の頂点としての責任と，子会社少数株主の利益擁護の要請を，どのようにして調和させるべきであろうか。本章では，このような観点から，オーナー経営者等も含め支配株主が存在する上場会社（以下，本章では被支配上場会社）におけるCEO選解任・後継者計画のあり方を，検討する。なお，上場子会社のガバナンスに関しては，旬刊商事法務2208号（2019）掲載の特集「グループガイドラインの実務への活用」の締め括りとして，武井一浩弁護士が「Ⅳ 上場子会社のガバナンス」と題する秀逸な論文を執筆されている。是非，ご一読頂きたい。

2 会社法上の株主権との関係

親会社等の支配株主にとり，被支配会社のCEO選解任における強度の主導性は，中心的な支配手段と考えられる。既に論じつくされたテーマではあるが，CEO 選解任への株主の関与と会社法との関係を，再確認する。

CEO＝代表取締役・代表執行役の選任は，会社法上，あるいは事実上取締役としての地位を前提とする。まず，監査役会設置会社・監査等委員会設置会社の代表取締役は，当然，取締役中から選任される。指名委員会等設置会社の代表執行役は，会社法上は取締役であることを要しない。しかし，上場会社たる同委員会設置会社の殆ど全てにおいて，CEO たる代表執行役は取締役としての地位も有しており，少なくとも現在のわが国では，事実上，取締役の地位が CEO 選任の前提といえる。

そこで，株主の関与も，次の二段階に分けて，確認する。

(1) 取締役選任に関する議決権は直接的かつ強力

現行会社法上，取締役選任に関する株主の議決権は，ほぼ絶対であり，これは指名委員会等設置会社においても，ほぼ同様といえる。

株主は，取締役会や指名委員会が決定した取締役候補者にもとより賛同する義務を負わない。又，株主提案権行使，更には総会の場での動議提出を通じて，取締役会や指名委員会と別個の取締役候補者を選出することも可能と解される。

監査等委員会の同意を要する監査等委員たる取締役選任議案及び監査役会の同意を要する監査役選任議案に関しても，株主提案権や動議提出に関する権利は，制限を受けない。

上記株主権に関しては，少なくとも会社法上は，被支配上場会社に関しても，格別の例外は規定されていない。その行使を制約する法理としては，明らかに濫用的な場合において，僅かに会社法 831 条 1 項 3 号に基づく訴えによる決議取消の可能性が想定される程度である。

立法論としての当否は別として，第 24 回未来投資会議や 2019 年 CGS 研究会報告が志向する方向性と現行会社法との間には，一定のギャップがあることも，認めざるを得ないかと思われる。

⑵ CEO選解任は間接的

上記の取締役等の選任に関する議決権等に比し，CEO選解任に関する株主の権利は，間接的といえる。

CEO，即ち監査役会設置会社・監査等委員会の代表取締役，指名委員会等設置会社の代表執行役の選解任は，いずれも取締役会決議事項である（会社法362条その他）。

この選解任権は，CEO（代表取締役，代表執行役）に対する取締役会の監督の根幹的機能と位置付けられている。同会のモニタリング機能を重視する場合，その重要性はより高まると考えられる。このため，定款により代表取締役等の選解任権を株主総会に属させることの適法性に関しても争いがある。取締役会の監督機能が全て失われるものでないとして肯定する説と，監督機能の実効性を低下させるとして否定する説が拮抗している。

他方，株主間，あるいは株主・会社間の契約により，CEO（代表取締役等）の選解任を規定する例は，実務上，数多く見られ，非上場会社に関する合弁契約等では，この種の規定が設けられるのが，むしろ通例といえる。かかる契約に関しては，適法性・有効性に疑問を呈する見解は，殆ど皆無かと思われる。しかし，できる限り当事者間の私的自治が尊重されるべき非上場の合弁会社等であれば兎も角，不特定多数の少数株主の存在を予定する被支配上場会社において，取締役会の根幹的監督機能を制限する契約の締結に関しては，慎重さが求められよう。このことは，被支配上場会社の少数株主擁護か強調される今日においては，より一層，妥当しよう。

3 独立社外取締役主導を徹底したCEO選解任

仮に，前記会社法の原理原則を横に置き，第24回未来投資会議，2019年CGS研究会報告は，いずれも被支配上場会社における独立社外取締役の重要性を強調し，取締役会構成員の少なくとも3分の1以上を要求する。そして，前記報告は，被支配上場会社におけるCEO選解任等に関し，下記のような提言を行っている。

6.4.2 上場子会社に求められる対応

上場子会社の経営陣については，上場子会社の企業価値向上に貢献するかという観点から，上場子会社が独立した立場で，その後継者計画を策定し，候補者の指名を行うべきである。

その際，親会社と連携することは合理的であるが，親会社から提案された候補者についても，その適格性について客観的に判断すべきである。

6.4.3 上場子会社の指名委員会と親会社との関係

上場子会社の指名委員会は，上場子会社の企業価値向上にとって最適な経営陣の指名が行われるよう，親会社からの独立性が実質的に担保されるべきである。

仮に，第24回未来投資会議や上記2019年CGS研究会報告が志向する方向性を徹底的に推し進め，被支配上場会社における独立社外取締役主導を強調すると，そのCEO選解任のあり方は，概略，下記の具体例のようになるかと思われる。

（具体例）

被支配上場会社は，取締役の過半数を独立社外取締役とする。

↓

任意の指名報酬委員会（委員は１名を除き全員が独立社外取締役）を組成する。

↓

任意の指名・報酬委員会が，主導的に取締役候補者を選定する。
併せて，同委員会は，CEO等の業務執行者の新任・再任・解任を内定する。

↓

被支配上場会社の取締役は，非公式内規に従い，任意の指名報酬委員会の決議を無条件で受容し，株主総会に提案する取締役候補者及びCEO等の選解任を決議する。

↓

支配株主は，取締役選任を含め，被支配上場会社が総会に提案した議案に無条件で賛成する。
被支配上場会社のCEO選任（再任を含む）に関しても，同社の任意の指名・報酬委員会に委ね，一切介入を行わない。

上記のような形態は，被支配上場会社の少数株主の利益擁護の観点からは一定の効用も認められ，ガバナンス改革を重視する世論・市場関係者等の中からは，一定の支持も得られるかと思われる。他方，支配株主としては，CEO選解任における強度の主導性発揮という子会社支配の中心的手段を，事実上，失うこととなる。

又，前記会社法の原理原則からも，大きく乖離することも否めない。見方によっては，被支配上場会社における最終の意思決定機関は任意の指名報酬委員会となり，会社法上の最高機関である株主総会は，形骸化・儀式化するおそれがある。現行会社法上，取締役選任に関する議決権行使は，株主権の根幹中の根幹と考えられる。如何に被支配上場会社の少数株主擁護を重視するとしても，現行会社法上の中核的株主権をここまで形骸化・無力化させることの是非に関しては，相当の異論もあるところかと思われる。

支配株主を中心とする企業集団からの被支配上場会社の離脱が予定されているようなケースであれば，上記のような形態も考え得るであろう。

しかし，支配株主が被支配上場会社を中長期的に自らの企業集団の一員として留める意向の場合には，CEO選解任に関する強度の主導性は，やはり不可欠と考えられる。

2019年CGS研究会報告も，「6.4.2　上場子会社に求められる対応」において，親会社からの候補者提案に言及しており，親会社の主導性自体は否定していないと推測される。

4　支配株主と被支配上場会社間の契約

次に，被支配上場会社のCEO選解任に関し，支配株主の主導性を前提としつつ，少数株主の利益擁護との調和も実現する方向性を検討する。その一つとして，支配株主と被支配上場会社間で，株主権行使のあり方等を含め，何らかの契約を締結することが想定される。

この種の契約は，支配株主となろうとする者が，既存の上場会社の公開を維持したまま被支配会社化する際に多く用いられ，資本業務提携契約等の形態を採る場合が多い。しかし，完全子会社の上場等に際しても，透明性を高める観点から，契約に基づく支配・被支配の関係に移行することも，今後，一つの方策として，検討に値するかと思われる。

⑴　株主権行使に関する契約の有効性

通説は，会社と個別株主間の合意に基づき，株主が会社法上は自由に行使し得る権利等に一定の制約を加える合意等も原則的には有効と解している。

但し，支配株主が上場会社である場合，自らの株主に対する責任，更には企業集団としての内部管理・内部統制に関する義務を課す会社法362条４項・５項等を考慮すると，議決権等の根幹的株主権に関し強度の制約を加えることには，慎重であるべきである。

⑵　契約の一例

支配株主・被支配上場会社間の契約に関しては種々のパターンが想定されるが，この問題に深く立ち入ることは本稿のテーマを大きく逸脱するので，ここでは過去の複数のリリース例等も参考としつつ，CEO選解任・後継者計画に焦点を当てて，現段階での一つの参考例を紹介させて頂くに止める。なお，本参考例は，上場会社たる支配株主（親会社又は議決権保有割合が高い資本上位の関連会社）と被支配上場会社を想定するものである。かかる想定の下，当該契約に規定すべき事項としては，例えば次のような各事項を挙げることができよう。

ア　ビジネス上の協働及びシナジー効果追求

仮に，これらの点に関し合理的説明が困難であれば，そもそも被支配上場会社が企業集団の一員であることの意義が問われかねない。

イ　被支配上場会社の自主性・独立性尊重とその限界

被支配会社が上場会社である以上，その自主性・独立性を尊重する姿勢は必要である。

他方，支配株主自身も上場会社である限り，その株主に対し企業集団全体の価値の維持・向上に努める責任，更には企業集団としての内部管理・内部統制に関する会社法上の義務等を考慮すると，被支配上場会社の判断を無条件に受容することも適切とは思われない。この観点から，例えば，「支配株主は，被支配上場会社の自主性・独立性を尊重するが，そのことは議決権その他の株主権行使を妨げるものではない」等の趣旨を明記することも，検討に値しよう。

ウ　支配株主による取締役候補者・監査役候補者の指名

支配株主・被支配上場会社間の友好関係が維持される限り，非公式な提案となると思われる。但し，提案を正当化する究極の根拠は，会社法上の株主提案権に求められるべきである。指名できる人数・割合等は，被支配上場会社の規模，取締役・監査役の総数等に応じて決定されるべきであるが，少なくとも独立社外取締役候補者の指名権を規定することは，好ましいとは思われない。仮に，第24回未来投資会議，2019年CGS研究会報告に即し取締役中の３分の２を独立社外取締役とする場合，取締役候補者の指名は，自ずから総員の３分の２未満となろう。

支配株主が企業集団としての内部管理・内部統制に関し会社法上の責任を負う以上，監査役（被支配上場会社が監査等委員会形態を採る場合は，監査等委員たる取締役）の候補者を指名することにも，合理性は認められる。但し，支配株主により指名された者が監査役員中の多数を占めることは好ましくなく，原則的に１名に止めるのが適当かと思われる。

エ　CEO選任（再任を含む）・解任に関する提案

支配株主の立場に立つと，被支配上場会社のCEO選解任に関する提案権は，根幹的な支配の手段として，保持したいところであろう。前記の通り，2019年CGS研究会報告も，「6.4.2　上場子会社に求められる対応」において，親会社の提案自体は否定していないと推測される。

他方，前記**２**で述べた通り，被支配上場会社の取締役会の監督機能との関係では，微妙な点がある。又，上記 CGS 研究会報告も，親会社提案の候補者に関しても，被支配上場会社自身による適格性判断を要求している。これら最近の情勢に鑑み，CEO 選解任に関する支配株主の権限を絶対化するような契約条項は，受容されにくいと思われる。CEO 選解任に関する支配株主の権利については提案権・要望権とし，「被支配上場会社はその要望を尊重するが，自主的に適格性を判断する権利は有する」という程度に止めざるを得ないかと思われる。

オ　反対議決権・提案権等の行使の態様

支配株主が被支配上場会社の提案に係る議案に反対ないし棄権し，会社法の規定に従い正式に株主権を行使する際等には，特に緊急を要する場合を除き，被支配上場会社に事前通知すべき旨の規定も，有効かつ適切と思われる。

かかる規定も株主権行使に関する制約ではあるが，その態様は緩く，支配株主の自らの株主に対する説明責任や内部管理に関する会社法上の義務との両立も，十分，可能と思われる。

この通知は，事前通知を受けた被支配上場会社は，下記**カ**の協議を要請することとなろう。

又，この事前通知義務及びその経緯等の公表は，支配株主による濫用的権利行使を防止する観点からも，相当有効かと思われる。

カ　協議条項

支配株主・被支配上場会社間で意見等の相違が生じる等，両者間で話合い・調整を要する事項が生じた場合に関しては，双方に誠意を以て協議する旨を規定するべきである。

前記**エ**の CEO の選解任・後継者計画等も，当然，協議の対象と考えられる。

被支配上場会社においては，利益相反回避の観点から，2019 年改正会社法348条の2施行後には，支配株主との協議を社外取締役に委託することも，選択肢の一つかと思われる。

但し，この場合にはその都度（協議の必要性が具体的に生じた都度）の取締役会決議を要すること及び会社法362条4項等の重要な業務執行に該当する事項に関しては委託を受けた取締役の専決は許されず同会決議を要することにも，留意が必要である。

キ　契約の有効期間及び変更・終了

将来的には，経済情勢・経営環境等の変化に応じ，支配株主・被支配上場会社間の関係の見直しが必要となる事態も，当然，想定され得る。このような可能性を考慮するならば，契約の長期間固定化は好ましくなく，契約期間を規定することが強く望まれる。自動更新も差し支えないが，この場合に関しても，一定の予告期間を前置した上での更新拒絶権は支配株主・被支配上場会社の双方に与えるべきである。当事者の一方又は双方の意思により契約が終了する際の善後措置もグループガバナンスの観点から極めて重要なテーマであるが，本稿のテーマとかけ離れるので，これ以上の言及は避ける。

以上，最近の実例等も参考としつつ，支配株主・被支配上場会社間で株主権行使等を規律する契約が締結されることを想定し，当該契約に盛り込むことが望ましいと思われる主要な事項をピックアップし，現段階での筆者の考え方も紹介した。

個別の企業集団・被支配上場会社の置かれた具体的状況等に応じ，契約中に規定すべき事項にも差異が生じ，各事項の具体的規定内容に関しても，当然，種々の考え方があり得る。

読者の皆様におかれては，最近の実例等と併せて，支配株主・被支配上場会社間の関係を考える上でのご参考に供して頂ければ幸いである。

5 情報開示の有用性

(1) 研究会報告が言及する有用性

支配株主主導を前提としつつ，被支配上場会社のガバナンスの適正を維持し，ひいては少数株主擁護を実現する上で，両当事者による積極的な情報開示は，相当有効かと思われる。

例えば，前記基本契約の場合，その締結及び概要は，当然，支配株主・被支配上場会社の双方が何らかの形でプレスリリースを行うと考えられる。被支配上場会社の側では，有価証券報告書等においても，重要な契約等としてその存在・概要を開示すると思われる。

このような開示自体が，当事者双方にとり，市場・株主に対する一種の誓約的な効果を有すると考えられる。特に支配株主側の濫用的・恣意的行動を防止する効果は大きいと思われる。

2019年CGS研究会報告も，次の通り，開示の有用性に言及している。

> 6.3.5 上場子会社による情報開示の在り方
> 上場子会社は，そのガバナンスの方策について，積極的に情報開示すべきである。

開示は，支配株主・被支配上場会社間で現実に係争等が発生した際にも，相当の効果を発揮すると考えられる。2019年CGS研究会報告は，総会決議をめぐり係争等が生じている際には，臨時報告書で開示される全株主合計の賛否比率に加え，支配株主を除いた株主の賛否比率を開示することを提唱し，既に取締役選任議案に関し実行された例も見受けられる。前記研究会報告も130頁は，「マジョリティ・オブ・マイノリティ条件（Majority of Minority）」の考え方を紹介しつつ，その有用性に言及している。

このような開示の結果，支配株主以外の圧倒的多数の株主が支配株主と反対の方向で議決権行使を行ったことが明らかとなれば，相当のインパクトがあるかと思われる。

⑵　具体例に基づく検証

次に，開示の有用性を，下記具体例に即し検討する。

（具体例）

被支配上場会社乙社の現 CEO の A 氏の再任は，株主・市場関係者の評価も極めて高く，乙社の業績も順調に推移してきた。加えて，A 氏は就任から 1 年しか経過しておらず，関係者からはその続投は当然視されていた。このような中，乙社は，任意の指名報酬委員会のへの諮問も経て同氏を取締役候補者として定時総会に付議する方針を固めた。他方，支配株主甲社は，企業集団全体との協調も図りつつ経営の自主性・少数株主の利益擁護も重視する A 氏を疎ましく感じ，A 氏を降板させ自社現副社長 B 氏に乙社 CEO を兼務させようとして，乙社との資本業務提携契約に従い「A 氏選任議案に反対票を投じ，株主総会当日に B 氏を取締役候補とする動議を提出する」との旨の事前通告を行った。乙社は，緊急取締役会の議論を経て，他社の先例等も参考に，甲社から通告を受けた事実・その概要及び「A 氏は適任であり，事実上の解任ともいうべき続投拒否の理由はなく，他方，乙社現副社長の兼任は好ましくないと判断する。甲社に対し，基本契約に基づき緊急に協議を行い，A 氏を不適任とし B 氏を適任とする理由及び現副社長兼務による利益相反の危険性に関し説明を求める」との趣旨をリリースし，甲社に対し，直ちに協議を求めた。

上記具体例の場合，最近の実例等に照らせば，支配株主甲社としても，乙社との協議に誠意を以て応じ，A 氏が不適任であり B 氏を適任と考える理由及び利益相反の懸念への対応等を開示することが求められよう。

万が一，甲社が，乙社との協議に誠意を以て応じることなく，交代の合理的理由や利益相反回避措置等に関する十分な説明もなしに，議決権行使を行使して問答無用で乗り切るというような行動に出た場合，仮に希望通り A 氏を退任させ総会で B 氏を取締役に選出させ，更に総会後の取締役会で独立社外取締役等の反対を押切り B 氏を CEO に据えることに成功したとしても，前記の「マジョリティ・オブ・マイノリティ」の考え方が普及・定着すれば，乙社としても，「甲社以外の株主の賛否比率」を，総会後遅滞なく開示せざるを得ないであろう。開示の結果，甲社は，世論及び市場関係者の厳しい糾弾を受けることは，必至かと思われる。その結果，甲社のレピュテーションは大きく損なわれ，ひいては企業集団の価値も低下することも，十分に想定される。甚だしい場合には，機関投資家・議決権行使助言機関等の不興を買い，甲社CEO等の取締役再任議案に関しても反対投票が集中するような事態にも至りかねない。支配株主・被支配上場会社間の関係においては，情報開示の抑止的効力・是正効果は，やはり大きいといえる。

６　被支配上場会社のガバナンス体制とCEO選解任 ――被支配上場会社における指名委員会の要否と監査等委員会設置会社選択の是非――

被支配上場会社が本則市場上場の場合，改定CGコード補充原則４－10①により，原則的に独立社外取締役主導の任意の指名委員会の設置が求められる。指名委員会等設置会社の形態を採るか，あるいは取締役の過半数が独立社外者である場合は除外されるが，そのいずれも被支配上場会社に関する限り，現実性に乏しいであろう。そして，2019年CGS研究会報告も，被支配上場会社のCEO選任に際し，その指名委員会の役割を強調する。改定CGコードの下では，当然，任意委員会が推奨されることとなろう。しかし，被支配上場会社の少数株主の利益擁護の実効性を確保する方策の一つとして，監査等委員会設置会社形態の選択も，検討に値するかと思われる。被支配上場会社におけるガバナンスのあり方を，本稿のテーマであるCEO選解任を通して考える。

⑴　被支配上場会社CEO選任の基本的視点

被支配上場会社CEO選任の判断基準は，すべからく「その候補者が上場子会社の企業価値向上に貢献できるか」（2019年CGS研究会報告136頁）に置かれるべきである。

仮に，親会社を中心とする企業集団全体の価値向上には貢献が見込まれても，利益相反等の危険性が高く当該被支配上場会社の企業価値を損なう蓋然性が存するような場合は，適任とはいえない。前記研究会報告の言葉を借りるならば，全体最適のみでは足らず，部分最適も必須ということである。被支配上場会社 CEO 選任に際しては，支配株主（親会社）から独立した立場において，この部分最適の観点から実効性あるレビューが期待できるか否かが，最大の焦点ということができよう。

このような観点から，ガバナンス体制のあり方を検討する。

(2)　監査等委員会設置会社選択の可能性

独立社外取締役等，業務執行者から独立した取締役主導によるモニタリング・ガバナンスの確立を志向するならば，すべからく指名委員会等設置会社を選択すべきである。過渡期的に監査等委員会設置会社を採用したとしても，これに安住すべきでなく，早晩，指名委員会等設置会社への移行を検討すべきであろう。このことに関しては，**第８章**でやや詳しく検討する。

しかし，上場会社の中にも，種々の理由から，社外取締役主導の実現が困難な者があることも，率直に認めざるを得ない。被支配上場会社も，その一類型と考えられる。

若干，事情は異なるが，完全子会社であっても顧客等の株主以外のステークホルダーの利益擁護の観点から業務執行に関し親会社からの一定の独立性が要求される場合（例えば，銀行子会社等）に，監査等委員会設置会社の形態が採用される例も，散見される。「支配株主主導を前提としつつ業務執行に対する監督機能に関しては一定の実効性も必要」という限定的な場合に関しては，監査等委員会設置会社も選択肢の一つであることの傍証ともいえようか。但し，同委員会設置会社を選択するに際しては，2018 年改定コーポレートガバナンス・コードとの関係にも，留意の必要がある。改定コードの補充原則 4 － 10 ①は，監査役会設置会社及び監査等委員会設置会社で取締役中の独立社外取締役の比率が過半数に満たない場合には，諮問機関としてではあるが，任意の指名・報酬に関する委員会の設置を要求するに至った。改定前には，例示であった任意委員会設置が，本則市場上場会社でコンプライを表明する限り他の選択肢を許さない要求に格上げされたといえる。

改定コードも視野に入れつつ，被支配上場会社において監査等委員会設置会社形態を採用することの当否を，本稿のテーマであるCEO選解任に照準を合わせて，検討する。

(3) 意見陳述権のあり方

監査等委員会には，株主総会に提出する監査等委員以外の取締役の選任及び報酬議案に関し，意見を表明する権利が認められる（会社法342条の２第４項，361条６項）。

平成26年会社法改正により監査等委員会設置会社が導入された当初，同委員会の機能を極力，指名委員会等設置会社の法定の指名委員会・報酬委員会に接近させるべきとの見解も，一部では有力に主張された。これに対し，「監査等委員会の意見表明権は，業務執行サイドが策定した取締役選任議案・報酬議案のレビューに止まるべきである。法定の指名委員会・報酬委員会と同等の機能を欲するならば，指名委員会等設置会社を選択すべき」との反論も，強力になされた。会社法342条の２第４項，361条の文理解釈としても，指名委員会等設置会社と監査等委員会設置会社を並立させる趣旨に照らしても，後者のレビュー機能とする説が正当というべきである。

改定CGコード補充原則４－10①が，監査等委員会設置会社に関しても，独立社外取締役過半数の場合を除き，別途任意の指名・報酬に関する委員会の設置を要求するのも，「監査等委員会には，法定の指名委員会等と同等ないし類似の機能を有しない」との前提に立つものと言える。監査等委員会の意見陳述権を，業務執行サイドが策定した取締役選任議案・報酬議案のレビュー機能と理解するならば，被支配上場会社においても，支配株主主導を前提としつつ，少数株主擁護のために適切に活用することも，十分，可能と思われる。

(4) 意見陳述権とCEO選解任

会社法342条の２第４項の意見陳述権は，条文上，総会に付議する取締役選任議案に関する権限であり，CEO（代表取締役）の選解任等に関するものではない。

監査等委員会が，会社法の文言に忠実に行動し，取締役選任議案・報酬議案に関してのみレビューし，CEO の選解任等に介入しないとしても，何らその任務を懈怠したことにはならないと解される（この場合でも，監査等委員は，取締役の一人としては，CEO ＝代表取締役選任議案に能動的・主体的に関与すべきことは，いうまでもない)。前記 CG コード補充原則 4 － 10 が同委員会と別個に，任意の指名・報酬に関する委員会を要求するのも，あるいは監査等委員会は CEO 選解任等には直接的には関与しないことを，想定しているかと思われる。しかし，厳密には法定の意見陳述権の範囲を超えるとしても，監査等委員会が取締役選任後に CEO 選任（新規選出・再任の双方を含む）が予定されている取締役候補者に関し，CEO としての適格性を一定程度考慮することも，許容されると解すべきである。

その理由は，以下の通りである。

・会社法上，監査等委員会設置会社の CEO（代表取締役）は，その取締役としての地位を絶対の前提とする。実務上，総会後の取締役会で CEO に選任予定（再選を含む）の者は，そのことを明示的な前提として取締役候補者に選定されるのが通例である（被支配上場会社の場合は，支配株主の強い意向を受けて，CEO 選任予定の取締役候補者として総会に上程されるのが，通常と思われる)。

・監査等委員は，取締役会構成員としては，CEO（代表取締役）の選任に能動的・主体的に関与すべき立場にある（この点において，監査役と決定的に異なる)。

上記各理由から，被支配上場会社が監査等委員会設置会社を選択した場合には，同委員会は CEO 新任・再任予定の取締役候補者に関し，少数株主擁護を主眼として，CEO としての適格性も考慮して意見陳述権を行使することも，その権限を逸脱するものでないと解すべきである。

(5) 少数株主擁護の観点

前記の観点から，被支配上場会社の監査等委員会がCEO選任予定の取締役候補者に関するレビューを行う場合，如何なる点に留意すべきであろうか。この点は，未経験者である筆者が深く介入すべきテーマとは思われないが，素人としても，新任・再任の別に応じ，次のような作業は必要と考える。

ア 新任の場合

現CEO等に対し，新CEO候補者に選出されたプロセス，当該候補者をCEOとして適任と判断した理由・根拠等の説明を求めるべきである。もとより「支配株主が選んだ」あるいは「支配株主が強く推している」という類の説明に満足すべきでなく，支配株主が推薦する具体的な理由・根拠等の説明を要求すべきである。

イ 現CEO再選の場合

まず，監査等委員会としての監査の経緯及び結果を踏まえて現CEOの適格性を検討し，疑問点があれば現CEO本人に対するインタビュー等も実施すべきである。

上記作業に際し，監査等委員会としては，当該候補者がCEOとして最適任者であるか否かのビジネスジャッジまで求められるものではないが，「選定（内定）に至るプロセスが杜撰でないか」及び「CEO選任が，被支配上場会社（支配会社を中心とする企業集団全体でない）の企業価値を中長期的に棄損し，ひいては少数株主に不利益をもたらす蓋然性はないか」の各点に関する判断は，必ず，行うべきである。仮に，支配株主から観れば適任ないし好都合な候補者であったとしても，少数株主の利益阻害の蓋然性が見込まれる場合は，適任とは言い難い。

作業の結果，監査等委員会として当該候補者の適格性に疑義を感じた場合には，現CEOにその旨を告げ，疑義を解消するための然るべき措置又は候補者の再検討を求めるべきである。これに対し，CEO及び背後の支配株主が疑義解消に努めず，候補者再検討にも応じない場合，監査等委員会に属する各委員は，必要に応じ委員以外の取締役の賛同も募り，更に強く再考を促すべきであろう。それでもなお応じない場合には，取締役会の席上において，当該取締役候補者の選定議案に関し明確に反対意見を述べ，他の取締役会構成員の支持も求めるべきである。それにもかかわらず採決が強行された際には，反対の意思を明確に表示し，議事録にその旨の明記を求めた上で，総会に対する意見陳述権を行使することとなろう（会社法399条の10第5項）。

(6)　任意委員会の別途設置の要否

被支配上場会社において，支配株主主導を前提としつつ，監査等委員会が上記のように厳正なレビューを実施する場合，果たして，別途，任意委員会を設置する意味があろうか。

筆者の個人的感想を率直にいうならば，屋上屋を重ねる結果になる場合も少なくないと思う。

しかし，改定コードの下，本則市場上場の被支配上場会社は，補充原則4－10①に関しエクスプレインを選択しない限り，一律に任意委員会の設置を要求される。その対応として，監査等委員をそのまま任意委員会の委員に選任し二枚看板で形式を整えるような方策は，如何であろうか。前回の2018年CGS研究会報告には，これを容認するかと思われる記述も存する。しかし，かかる方策は，CGコードの実質的な形骸化，ひいては同コード軽視に繋がり，好ましいとは思われない。本則市場上場の被支配上場会社としては，次のいずれかを選択すべきであろう。

ア　監査等委員以外に，取締役候補者選定及び報酬決定に相当の知見を有すると考えられる独立社外取締役を少なくとも1名以上選任し，当該者を構成員に含めて，任意委員会を組成する（監査等委員は，必ずしもその全員が任意委員会の委員となる必要はない）。

イ　監査等委員会が厳正なレビューを経て意見陳述権を適切に行使することにより少数株主擁護が確保されていることをある程度具体的に説明し，補充原則4－10①にエクスプレインする。監査等委員中に取締役候補者選任に関し相当の知見を有していると目される者

（例えば元経営者等）が含まれている場合には，より説得力が高まるであろう。

他方，被支配上場会社が特則市場上場であれば，補充原則４－10①への対応の表明は要求されない。但し，監査等委員会が意見陳述権を厳正に行使し少数株主擁護が図られていることを，然るべき方法によりある程度の具体性を以て説明することが望まれる。

７ 上場子会社保有に関する経営判断

改めて繰り返すまでもないが，近年，上場子会社に関しては，否定的な意見も少なくない。

第24回未来投資会議及び2019年CGS研究会報告も，上場子会社の存在を全面的に否定はしないが，厳しい目を注いでいる。論者の中には，上場子会社は，あくまで企業集団からの離脱又は完全子会社化までの間の過渡期的存在であるべきとする者も少なくない。

このような中，上場子会社の親会社としては，上場子会社保有に関し自覚的かつ継続的にビジネスジャッジを行い，当該ジャッジに関し，親会社株主及び市場に対する説明責任を果たし，然るべき方法（例えば，有価証券報告書等への記載，適時開示等）により開示することが求められる。

その際のポイントは，「会社法上，議決権・提案権を核とする強大な株主権を有することを前提として，当該株主権をどの程度，能動的・積極的に行使するか。それとも，敢えて上場子会社側のアクションを受けての受動的行使に止めるか」にあるといえよう。換言するならば，ステークホルダーである上場子会社少数株主の利益に配慮して，どの程度，当該子会社の独立性・自主性を認めるかに関する判断といえよう。

もとより，このジャッジメントの具体的内容は，上場子会社の属性，経済情勢，親会社を中心とする企業集団の置かれた状況等により大きく異なり，親会社経営陣の合理的な経営裁量も，当然，認められるべきである。

但し，「株主以外のステークホルダーとの適切な協働」を求めるCGコード基本原則２等に配慮することを要し，他方，中長期的観点から親会社及び親会社を中心とする企業集団の価値を損なう蓋然性が高い場合は裁量権の逸脱といわざるを得ず，又，会社法362条４項・５項等が親会社に課す企業集団の内部管理・内部統制に関する義務に違背することも許されないことに注意を要する。求められるのは，親会社を中心とする企業集団の価値維持・内部管理・内部統制に関する会社法上の義務等と両立可能な範囲内でのビジネスジャッジということができよう。

このジャッジメントのあり方は，上場子会社のCEO選解任及び後継者とも極めて密接に関連する。しかし，極めて大きなテーマであり，到底本稿で論じつくせるものでないので，別の機会に譲ることとしたい。

8　オーナー会社の後継者計画

被支配上場会社中，創業者等のいわゆるオーナーが支配株主として存在する会社の後継者計画に関しては，上場子会社とは異なる特有の問題がある。即ち，過半数ないしこれと遠くない比率の議決権を掌握するオーナー（多くの場合，現CEO）が自らの実子等の極めて近い親族を，相当早期に事実上後継者に据える意向を示し，他の取締役・外部株主等が覆すのが困難な状況も想定される。

現行会社法に照らせば，議決権の過半数ないしこれと遠くない比率の議決権を掌握するオーナー側の意向を無視して，白紙の状態から後継者計画に着手することが困難であることは，認めざるを得ない。

このような状況においては，オーナー側の意向を，一応，前提とした上で，事実上の後継者候補と目される親族等の育成に注力することが，現実的と考えられる。

そのための具体策として，現段階で思いつく主要な事項を，列挙する。

（具体例）
ア 後継者育成計画の早期開始
イ 育成計画進捗状況の継続的チェック
ウ 後継者計画中での次順位候補者等の想定
エ 上記アないしウの経営上の重要課題としての位置付け及び独立社外取締役を含む取締役全員の関与

上記後継者育成計画が功を奏し，オーナー側が希望する親族等（後継者計画の対象者）がCEOたるに相応しい能力・識見等を備えたと判断される場合には，その取締役候補者選定決議及びCEO選任決議に賛同して差し支えないであろう。

逆に，後継者計画が功を奏さず，対象者がCEOの任に堪えられない状況にあると判断される場合には，独立社外取締役をはじめとする取締役は，取締役候補者選定，あるいはCEO選任に関する決議に反対すべきである。上記**ウ**の次順位候補者がCEOの任に堪えると判断されれば，取締役会構成員として当該者の選任を提案することも，検討に値しよう。オーナー側が議決権の圧倒的多数を掌握している場合には，取締役をその意のままに行動する人物に入れ替えてその意向を実現することも，会社法上は不可能とはいえないかと思われる。しかし，このようななりふり構わない強権的な株主権行使は機関投資家等の外部株主や市場関係者から厳しい糾弾を浴び，そのレピュテーションを著しく損なうことはもとより，事後の円滑な経営にも支障を来すであろう。

9 被支配上場会社における社外取締役の重要性

近年，社外取締役の機能・役割が著しく重視されるに至ったことは，被支配上場会社に限らず，上場会社全般に共通する事項である。しかし，被支配上場会社の社外取締役には，会社法が支配株主に強大な株主権を認める状況において，少数株主の利益を擁護するという重い役割を負う。特に本稿のテーマであるCEO選解任・後継者計画に関していうならば，取締役選任（もとより再任を含む）に関する株主の議決権及び提案権はほぼ絶対といっても過言でなく，社外取締役が少数株主擁護を実現することは，必ずしも容易とは思われない。又，前記の通り，2019 年改正会社法 348 条の 2 は，利益相反等の局面において，その都度の取締役会決議により社外取締役に業務執行を委託する途を開いた。この改正規定が発動する確率も，被支配上場会社においては，独立系上場会社に比し遥かに高いかと思われる。

これら状況を踏まえて，被支配上場会社の社外取締役が少数株主の利益擁護という重い役割を全うするには，相応の配慮・処置が必要と思われる。なお筆者は，現在，いかなる会社の取締役・監査役も務めておらず，過去に在任した経験もない。従って，素人談義とのご批判を受けることを覚悟の上で，敢えて提言させて頂く。

ア　被支配上場会社の独立社外取締役中には，経営者選定及びこれと密接に関連する役員報酬決定に相当の知見を有し，支配株主とも対等に交渉可能な経歴・ステータスを有する人物を選定すること（可能であれば複数が望ましい）

イ　報酬の水準を，その責任・潜在的責任に相応しい水準とすること（例えば，上場子会社の完全子会社化のような局面では，社外取締役は，少数株主の利益を代弁しての親会社との条件交渉という極めて重い任務を担う。この種の任務を担う可能性も，報酬算定の一要因として公正に考慮されるべきであろう）

ウ　原則的に当該被支配上場会社からの報酬の当該社外取締役の総収入に占める比率が一定以下と見込まれること（報酬に固執すると，支配株主等に迎合する懸念も，否定はできない）

エ　能力・知見等を補うためのサポート体制・措置の充実を図ること

一例としては，社外取締役の判断により，支配株主・CEO 等の業務執行サイドから独立した外部コンサルタントを起用すること等を承認し，そのための適正な費用等に関しては，被支配上場会社が負担することを挙げることができる（社外取締役主動による外部コンサルタント等の起用は，支配株主等が関係する組織再編等の場面では既に定着しているが，今後，CEO 選任・後継者計画等に関しても，前向きに検討されることが望まれる)。

上記諸点も含め，今後の論議の進展に期待したい。

10　小結

以上，第24回未来投資会議及び2019年CGS研究会報告を踏まえ，被支配上場会社におけるCEO選解任及び後継者計画に関連する論点に関し，少数株主擁護に主眼を置きつつ，駆け足で大雑把な論点整理を試みた。

会社法が株主に認める権利は概して強大であり，特にCEO選任の大前提である取締役選任に関しては，株主の議決権はほぼ絶対といっても過言ではない。これは，被支配上場会社の支配株主に関しても同様である。この会社法の原則と，前記未来投資会議や前記CGS研究会報告の志向する方向性との間には，一定のギャップが存在することも，否定はできない。このギャップに架橋するにはテクニカルな対応も，もとより必要である。同時に，世論・市場の評価及びその前提となる支配株主・被支配上場会社双方の開示の重要性も，忘れてはならない。たとえ会社法上は可能であるとしても，支配株主が自らの目先の利益を追求するあまり，被支配上場会社少数株主の利益を顧みない専横的行動に及んだ場合，市場関係者等から厳しい批判を浴び，そのレピュテーションは大きく損なわれる。支配株主自身が上場会社であれば，そのレピュテーションの棄損は，中長期的には企業集団の価値の棄損に繋がるおそれがある。このようなレピュテーションリスクは支配株主による専横的行動の有力な抑止手段の一つとして期待され，この観点からも，支配株主・被支配上場会社双方の開示の充実は極めて重要といえる。最近では，取締役・CEO選解任等の経営支配の根幹に関わる事項に関し係争が生じた場合には，当事者双方が係争の状況，相手方の主張・要求とこれに対する自らの主張・反論等をほぼリアルタイムで開示する取扱いが通例化しつつある。又，係争には至らなくても，経営支配権の移動が想定される局面では，締結予定の株主間契約における株主権行使に関する条項等につき，相当詳細に開示を行う例も，散見されるようになっている。歓迎すべき傾向といえる。

今後とも，被支配上場会社の存在が内外の機関投資家等を含む関係者の理解を得続けるには，支配株主・被支配上場会社の双方が，常に説明可能で合理性のある行動を心掛けることが肝要といえよう。

第７章

会社法との調整

本稿のテーマであるCEOの選解任・後継者計画に関し検討するに際し，避けて通れない極めて重要な検討課題がある。改定CGコードや二度にわたるCGS研究会報告に代表される最近のガバナンス論議と，会社法の伝統的な解釈論との関係である。以下で述べる通り，両者の間には，一定のギャップがあることも否めない。

このギャップに関しては，かなりの程度は各種の実務的な努力・工夫により埋めることが可能としても，最終的には立法的措置も検討の必要があるかと思われる。今後の論議の一助となればとの想いから，筆者として特に重要と考えた業務に関する決定と執行の区分，取締役会決議から排除される特別利害関係の範囲及び特別利害関係を有する株主関与による不公正決議取消しを規定した会社法831条をピックアップし，学説・判例等の状況等を簡単に整理し，併せて2019年改正法が新設する社外取締役の業務執行禁止の例外に簡単に言及する。

1　業務執行の決定と執行の区分

(1)　原則的に業務執行を禁じられる社外取締役

取締役会と業務執行の関係については，次の二つの説が対立している。

・並列機関説　取締役会は監督機関・意思決定機関であり，業務執行＝決定の執行は，同会により選任される代表取締役・業務担当取締役・執行役が担当する。

・派生機関説　取締役会は監督機関・意思決定機関であると同時に，決定の執行機関も兼ねる。代表取締役等は，取締役会の派生機関である。

派生機関説も有力に主張されているが，通説は並列機関説と言える(注1)。

通説に従うと，取締役は，別途，取締役会で代表取締役等に選任されない限り業務執行権を有しないこととなる。会社法2条15号の社外取締役に関する定義，16号の社外監査役に関する定義規定等は，明らかに通説（並列機関説）に立脚するものといえる。現行会社法の下においては，「社外取締役は，取締役会構成員として業務執行に関する意思決定（以下，本章において業務決定）に参画するが，業務執行自体への関与は厳しく禁止されること」は，解釈論としてはほぼ争いがないところといえる。2019年改正会社法は，後に**４**で述べる通り，相当限定的な要件の下に例外を創設したが，前記２条15号等は維持しており，改正法下においても，依然として社外取締役は原則的には業務執行への関与を禁じられる。

⑵ 業務決定への参画は全取締役の義務

他方，会社法362条４項は，監査役会設置会社において，重要な業務執行に関し，CEO（代表取締役）等による専決を禁じ，必ず取締役会決議を経ることを要求する。同法399条の13第４項は，監査等委員会設置会社に関しても，社外過半数（同条５項）・定款授権（同条６項）という例外は設けつつも，専決禁止の原則を維持する。これに対し，会社法416条４項は，指名委員会等設置会社に関しては，取締役会決議に基づく執行役に対する相当広汎な業務決定の委任を認める。同委員会等設置会社の監査役会設置会社・監査等委員会設置会社と根本的に異なるガバナンス形態に由来する妥当な取扱いというべきであるが，この点に関しては**第６章**及び**第８章**で論じている。

上記の通り，監査役会設置会社・監査等委員会設置会社の社外取締役は，後述**３**の例外を除き自ら業務執行に当たることは原則的に禁止される一方，重要な業務決定に関しては取締役会構成員として参画が義務付けられていることとなる。取締役会の議案に関しては，招集権者以外の取締役も提案権を有すると解される。ここで，関与を義務付けられる「重要な業務決定」と原則的に関与が禁じられる「業務執行」との区分が重要となる。今後，CGコード等に即し社外取締役重視の方向性を推進する中で，この区分は一層重要となるかと思われる。

⑶ 決定と業務執行の区分の重要性

業務決定と業務執行の区分は，昭和25年商法改正により取締役会制度が導入されて以来，概念としては一貫して存在したといえる。しかし，過去，必ずしも，十分自覚的に論議されてきたとは言い難い面も否定できない。かつて旧商法中には，「取締役会決議に賛成した取締役は，自らその行為を行ったものと看做す」との趣旨の規定が長らく存在した。近時，流行のいわゆるモニタリングボードといわゆるマネジメントボードを対比する論議に従えば，後者の性格を重視する方向性ともいえるかと思われる。会社法には，もとよりこのような趣旨の規定は存在しない。しかし，上記のような規定が長く旧商法中に存在したことは，業務決定と業務執行を明確に区分することの難しさを物語っているといえよう。

近年におけるガバナンス論議の高まりは，業務決定と業務執行の区分及び取締役会の業務決定への関与のあり方に，再考を迫りつつある。即ち，取締役会の監督機能（モニタリング機能）を重視する観点から，「日常的な業務決定への過度の関与は，自己監督の増大を招き好ましくない」として会社法362条4項等の「重要性」にも再検討を加えようとする動きが台頭した。その一方で，伝統的な学説に照らせば業務執行との疑義も生じる可能性のある行為（例えば，MBOにおける条件交渉）への社外取締役の関与も，一定の状況の下では是認する傾向も生じた。このような流れを受けて，今般の会社法改正作業の過程においても，362条4項の見直し等も，検討の遡上には上がった。その結果，後述**4**の通り，一定の厳格な要件の下に社外取締役の業務執行への関与を例外的に公認する規定は新設されたが，業務執行への関与を原則的に禁ずる2条15号，362条4項等は格別の改正を加えることなく維持された。従って，2019年改正会社法施行後においても，監査役会設置会社及び監査等委員会設置会社に関する限り，依然として，次のような整理は必須と考えられる。

ア　業務決定と業務執行の明確な区分

イ　業務決定中，会社法362条4項等にいう重要性を有する事項の判別

ウ　上記**イ**の結果，重要性が否定された事項の取締役会付議の当否の再検討

それでは，上記**イ**の重要性判断に際し，各会社の自主性は認められるであろうか。又，取締役会の監督機能を重視し社外取締役の役割を重視する最近の潮流等は，どの程度考慮されるであろうか。

会社法362条4項の解釈運用も，時代・情勢に応じ変わり得るものであり，重要性の判断も各会社の個別状況を反映して行われるべきものであり，当該会社の自主性も一定範囲では許容されるべきである。しかし，会社法の解釈に関し，広汎な私的自治を認めることは，やはり難しいかと思われる。

2　取締役会における特別利害関係の範囲

(1)　会社法369条2項とガバナンス

前記の通り，指名委員会等設置会社も含め，CEO選解任は取締役会の根幹的権限であり，いやしくも取締役である限り，善管注意義務・忠実義務を全うするには，主体性・自主性を以て当該議案の審議・採決に参加することを要求される。例外は，会社法369条2項により，特別利害関係人として議決から排除される場合である。同項により排除される場合，取締役会決議における定足数からも除外される。この結果，取締役会決議は，特別利害関係のない取締役のみで行われることとなる。争いはあるが，多数説は，取締役会の法定定足数3名を下回っても有効な決議が可能とする。極端な例としては，特別利害関係のない取締役が1名の場合は，当該取締役の単独決定が取締役会決議となると解される(注2)。

仮に，会社法369条2項の特別利害関係を広汎に解しCEO等の業務執行者に対する監督機能の実効性確保を要する場合を広く包含するならば，社外を中心とする非業務執行取締役の事実上の専決も拡大する。そ

の結果，監督と執行の分離も相当徹底し，ドイツに代表されるような二層型に接近する可能性もある。又，親会社等の支配株主の利害が関係し得る事項に関し，支配株主と関係の深い取締役に関し広汎に特別利害関係を認定するならば，第24回未来投資会議や2019年CGS研究会報告が志向する少数株主の利益擁護も促進されるかと思われる。

会社法369条2項の特別利害関係者排除の趣旨は，取締役が会社・株主に対する忠実義務・善管注意義務に違反して個人的利害を優先することに対する予防とされている。

しかし，その適用範囲の広狭に関しては争いがあり，従来の学説・判例は，概していうならば，広汎な解釈は採用して来なかった。このことを，本稿のテーマであるCEO等の選解任を例にとり，解説する。

(2) CEO選解任と特別利害関係

まず，監査役会設置会社・監査等委員会設置会社における代表取締役選解任と特別利害関係に関しては，次の通り，種々の学説がある。

ア　自らを個別候補者とする選任決議及び自らを対象とする解任決議の双方に関し，特別利害関係を肯定する説

イ　選任決議に関しては特別利害関係を否定し，自らを対象者とする解任決議に関し肯定する説（選任は業務執行の決定の一環と解し，他方解任は監督権行使と解する）

ウ　選任決議に関しては特別利害関係を否定し，自らを対象者とする解任決議中，監督権限行使と目される場合には特別利害関係を肯定し，経営支配権争奪と目される場合には，業務執行の決定の一環として否定する説

エ　選任決議・解任決議のいずれに関しても，特別利害関係を否定する説（代表取締役選解任の経営支配権争奪たる側面を重視する）

従来の通説は，**イ**と考えられる。最判昭和44年3月28日民集23巻3号645頁も，代表取締役解任に関しては「本人の意志に反してこれを代表取締役の地位から排除することの当否が論ぜられる場合においては，

当該代表取締役に対し，一切の私心を去つて，会社に対して負担する忠実義務に従い公正に議決権を行使することは必ずしも期待しがたく，かえつて，自己個人の利益を図つて行動することすらあり得るのである。それゆえ，かかる忠実義務違反を予防し，取締役会の決議の公正を担保するため，個人として重大な利害関係を有する者として，当該取締役の議決権の行使を禁止するのが相当」として，特別利害関係を肯定した。但し，学説では**エ**も有力である。又，**ウ**の考え方に理解は示しながらも，監督権行使と支配権争奪の区別が困難であるとして，**エ**を支持する説もある。いずれにしても，会社法 369 条２項の特別利害関係の範囲は，近年のガバナンス論議で取上げられる利益相反に比し，狭く解されていることに留意の必要がある（注３）。

なお，筆者の私見としても，少なくとも現段階では上記**イ**の通説・判例を支持したい。CEO の選任に際しても，個人的利害が介在する可能性は，率直にいうならば，否定できない。しかし，その多くは正常局面で候補者の適格性等に関しても格別の疑義は生じていないと思われ，期中解任を必要とするまでに代表取締役の適格性に疑義が生じたいわば危機的な局面とは，通常大きく状況を異にする。その理由付けは格別，選任と解任を区別することは，実務的には妥当と思われる。

(3)　代表執行役・執行役の選解任と特別利害関係

代表執行役・執行役の地位は，代表取締役と異なり，取締役の地位を前提としない。取締役が兼任する場合においても，取締役選任とは別個の任用契約が締結されると解される。この点を強調すると，前記代表取締役選解任よりは，特別利害関係が肯定されやすくなるかとも思われる。しかし，業務執行の決定の一環たる性質を有することは代表取締役等の選任と共通し，かかる性質から否定的に解すべきと考えられる（注４）。

(4)　当面の実務は通説に即した対応が安全

上記の通り，会社法 369 条２項の特別利害関係の範囲は，指名委員会等設置会社の場合を含め，近年のガバナンス論議で取り上げられる利益相反に比し，狭く解されている。

少数の有力反対説はあるが，圧倒的に多数の学説は，CEO（代表取締役，執行役）の選任に関しては，否定的に解する。否定説の根拠としては，一般に「業務執行に関する決定たる性格」が挙げられるが，その前提として，CEO（代表取締役，執行役）の地位をめぐる経営支配争奪戦は当然視されている。この考え方を突き詰めると，多数株主・支配株主が，取締役選任を通じて取締役会の多数を支配し，ひいては株式会社の業務執行をも支配することも当然視されるべきこととなる。このような考え方に立脚するならば，CEO（代表取締役・執行役）の選解任の内，少なくとも選任に関しては，当然，特別利害関係は否定されるべきこととなろう。議決権数に応じた多数決という会社法の基本原則とは整合的な考え方といえるが，近年の一連の論議を通じてコンセンサスを得た利益相反に関する考え方，即ちCEO選任に際しての候補者と会社株主間や支配株主・少数株主間に利益相反性を肯定し然るべき方策を求める考え方との間には，一定のギャップがあることは否めない。

このようなギャップを埋める一つの方策としては，会社法の解釈論を見直し，特別利害関係の範囲を従来よりも広く捉えることも，考え得る。後に**4**で取り上げる2019年改正会社法の規定が，今後の再考の契機となる可能性もあるかと思われる。本稿のテーマに即していうならば，将来的には，立法措置も含めて特別利害関係の範囲が見直され，CEOの選任決議に際しては，候補者が決議から除外される日が来る可能性等も否定できないかと思われる。但し，少なくとも当面の実務においては，このような方向性を先取りすることには，相当のリーガルリスクが伴う。前記の通り，CEO等の代表取締役・執行役選任に関し会社法369条2項の特別利害関係を肯定する有力説も存するが，あくまで少数説に止まり，通説・判例は否定的である。通説・判例に従えば，候補者も議決権を有し，当然，同条1項の定足数に算入されるべきこととなる。通説・判例に反し特別利害関係の範囲を徒に広汎に解すると，議決権を有する取締役の不当排除として決議の有効性に疑義が生じ，状況如何では定足数充足も疑わしくなるおそれがある。立法論や将来的なあるべき論は兎も角，当面の実務においては，慎重な対応が求められる。

3　特別利害関係株主関与による不公正決議取消しの射程距離

(1)　支配株主等の専横と会社法831条

第24回未来投資会議及び2019年CGS研究会報告は，上場子会社の問題を取り上げ，親会社の専横の懸念及びこれから少数株主を擁護する必要性を指摘する。同様の懸念及び必要性は，創業者経営者等の親会社以外の支配株主が存在する上場会社等にも妥当する。会社法は，議決権数に応じた多数決を根本原理とする。この意味で，親会社等の支配株主による会社支配は，会社法自身が予定するところともいえる。このような中で，支配株主による専横から少数株主を擁護する方策の一つとして想起されるのが，会社法831条1項3号の特別利害関係を有する株主関与による著しく不公正な決議の取消しの訴えである。同号所定の取消しの訴えは，前記未来投資会議やCGS研究会報告が懸念するような弊害の有効な軽減策となり得るであろうか。結論的には，限界があることは否定できない。

会社法は，株主が自らの利益のために議決権を行使することを否定していない。このため，前記取締役会の場合と異なり，特別利害関係を有する株主の議決権行使も禁止せず，その結果として著しく不公正な決議がなされた場合に限り，取消しの事由となる。従来の通説は，決議内容自体に権利濫用というべき不当性があることを要求しているかと思われる。概していうならば，支配株主が多数決を濫用して株主たる地位に基づかない自己固有の利益を追求した内容的にも不当性の強い決議を可決させた場合が，該当するかと思われる。他方，支配株主が取締役選任決議を通じて経営支配を獲得維持すること等は，少なくとも今日までの通説による限り，到底，取消しの対象とはならないと考えられる。更に，会社法831条は，あくまで決議取消しに関する規定であり，仮に支配株主の専横により正当性の高い会社提案（あるいは少数株主提案）が否決されたとしても，全く無力といえる。最判平成28年3月4日金融・商事判例1490号10頁（2016）も，否決の決議は取消しの対象とならないとする（4名の裁判官の全員一致)。同条の文理解釈としても，当然の結論というべきであろう。

(2)　会社法831条と今後の方向性

この問題を，下記事例を下に検討する。下記は，**「第6章　5　開示の有用性」**に掲記の事例と類似するが，やや異なる観点であるので，本章でも取り上げる。

（事例）

・甲社は，子会社乙社を上場させるに際し，「乙社少数株主の利益を重視し，同社独立社外取締役の意見も尊重する」との趣旨を繰り返しプレスリリース等で表明し，乙社は上場に先立ち定款を変更し監査等委員会設置会社に移行した。

・乙社社外取締役（独立・監査等委員）に選任されたA氏は，その職責を良く自覚し，任意の指名報酬委員会委員にも就任し，甲社が希望する取締役候補者に関しても無条件で受容せず，適切にレビューを加えた。

・甲社は，次第にA氏を疎ましく感じるようになり，任期満了を迎えその再任に関しても，内々難色を示した。しかし，乙社取締役会は全員一致でA氏の再任を株主総会に付議し，同社監査等委員会ももとよりこれに同意した。

・甲社は，A氏再任に反対の議決権行使を行い，加えて総会の席上でその傀儡と目されるB氏を取締役監査等委員に選任する動議を提出し，出席株主の多くから強い反対意見が続出したが，その議決権を背景に可決せしめた。

・議決権行使書を含め，甲社以外の乙社株主の99%以上はA氏再任に賛成の議決権行使を行った。

上記事例において，会社法831条所定の決議取消しは容認されるべきか。

まず，監査等委員たる取締役の選任を総会に付議するに際しては，会社法344条の2により，監査等委員会の同意を要する。もとより甲社の動議は，乙社監査等委員会の同意を得ていない。しかし，監査役会の同意を要する監査役選任議案に関しても，通説は，株主提案に関しては同会の同意は不要と解する（注5）。監査等委員たる取締役の選任に関しても，同様に解すべきである。動議と監査役会・監査等委員会の同意権との関係に関しては，必ずしも定説というべきものはないかとは思われる。しかし，株主権の根幹中の根幹ともいうべき役員選任に関する権利を明文によらずに解釈により制約することは適当とは考えられず，動議提出自体は有効と解すべきであろう。従って，決議取消事由としても会社法831条1項1号（手続の法令違反）はそもそも主張の余地はなく，専ら3号の著しい不公正への該当性が問われることとなろう。次に，B氏の取締役監査等委員として不適格と推測されることと不公正性との関係であるが，役員選任は最も株主の意思・自主性が尊重されるべき事項であり，裁判所が株主に代わり候補者の適格性を審査することは，極力避けるべきである。結局，上記事例のポイントは，不公正性の判断に際し，乙社上場からB氏選任に至る一連の経緯・事情をどの程度，考慮すべきかにあるといえよう。重要と思われるテーマであり，本稿で拙速に結論を示すのは差し控え，今後の論議を待ちたいと思う。

なお，仮にB氏選任決議が取り消されたとしても，A氏選任決議の否決の効力には何ら影響はなく，同氏が任期満了により退任したこと自体は如何ともし難いことに留意の必要がある。

他方，最終的な決議取消しの訴えの帰趨如何にかかわらず，上記甲社のような子会社少数株主軽視の姿勢は，世論，特に市場関係者から相当の批判を浴びることは，必定と思われる。

4　例外的に許容された社外取締役の業務執行への関与

(1)　会社法348条の2の新設

2019年改正後の同条1項は，「株式会社と取締役の利益が相反する場合，その他取締役が業務を執行することが株主の利益を損なうおそれがある場合には，その都度の取締役会決議を以て社外取締役に対し，業務の執行を委託することができる」と規定し，更に2項は「当該委託に基づき執行する業務は，2条15号イの業務執行（社外性を損なう業務執行）に該当しない。但し，取締役の指揮監督下で執行する場合はこの限りではない」とする。指名委員会等設置会社において，執行役の業務執行が株主利益を損なうおそれがある場合に関しても，同様の規律が設けられている。

最近10年来，各方面で利益相反に関する認識が急速に高まり，社外取締役の最大の役割の一つとしても，利益相反への対処が挙げられている。この結果，CEO等の業務執行者と少数株主の利害が対立する局面（典型的にはMBO），更には支配株主と少数株主の利害が対立する局面（例えば，親会社による上場子会社の完全子会社化）等において，社外取締役に少数株主の利益を代弁する形で，業務執行者から完全に独立して少数株主の利益を擁護する役割を担うことが求められるようになった。そして，社外取締役が少数株主の利益擁護のために行動する過程において，厳密にいうならば業務執行に該当する可能性も否定できない行為に及ぶ例も増加しつつある。その具体例としては，完全子会社化に際しての親会社との条件交渉等を挙げることができる。世論及び学説の多くは，社外取締役がこのような役割を担うことに関しては，概して好意的であったが，業務執行への関与を禁ずる会社法2条15号との関係の説明には，若干，腐心していたかと思われる。今般の改正は，かかる疑念を払拭し，社外取締役が株主利益擁護のため躊躇なく行動することを促進することを主眼とするものといえる。この改正に関しては，既に各方面で多く論じられ今後も論じられると思われるので，詳しく言及することは避け，本稿のテーマであるCEO選解任・後継者計画との関係に限定して，若干の検討を加える。

(2)　例外の要件は相当厳格

今回の改正は，最近の情勢を踏まえた適切なものといえるが，他方では射程距離は限定されている。業務執行を原則的に禁ずる会社法2条15号は原則的に堅持しており，内容的にも抑制的ということができる。

即ち，改正の趣旨は，業務執行禁止の原則を一部限定的に緩和するものであり，業務執行に該当しない取締役としての業務決定への参画や監督機能発揮等は，そもそも射程外である。例えば，社外取締役が任意の指名委員会の構成員としてCEOから提示された原案をレビューすること等は，議決機関＝業務決定機関の構成員たる地位に派生する行為として理解することが適切であり，又，CEO等による後継者計画の遂行状況チェック等は監督機能の発揮と解することができよう。

次に，社外取締役への委託が可能であるのはあくまで業務執行であり業務決定の委任まで容認する趣旨ではないと解される。従って，重要な業務決定等を社外取締役の専決に委ねることは，たとえ利益相反回避等の観点からは有効性が認められるとしても許されないと考えられる。更に，その都度の取締役会決議が要求されるため，一定の事項を継続的・包括的に委託すること等も認められないと思われる。委託先は，あくまで社外取締役であり，監査役は含まれないことにも，留意が必要である。

(3) 改正348条の2のCEO選解任・後継者計画への活用可能性

前記の通り，会社法348条の2は，取締役会決議の代替を認めるものではない。従って，同会の法定決議事項であるCEO＝代表取締役等の業務執行者の選解任を単独社外取締役の決定ないし複数社外取締役の合議に委ねること等は，認められるべきでない。

指名委員会等設置会社における執行役選任も，会社法416条3項及び4項9号との関係上，同様に解するべきである。又，後継者計画の策定ないし運用を，継続的に委託すること等も，前記のその都度の決議の要求との関係上，認められないと解すべきであろう。

他方，次のような場面では，改正規定の活用も，十分，検討に値すると思われる。

ア　CEO等の一定範囲の親族（例えば親族三親等，姻族二親等）との

執行役員就任に関する契約締結

イ　オーナー社長子息を対象者とする長期継続的でフィーも高額にわたる育成プログラム契約の締結

ウ　兄弟会社との後継者育成に関するコンサルティング契約締結（CEO は親会社出身）

エ　CEO の適格性に疑義を生じさせるような重大な疑惑が浮上した際における会計事務所・法律事務所等との調査委託契約の締結（社外監査役への委託は不可）

(4)　改正の意義

本稿のテーマである CEO 選解任・後継者計画との関係において，今回の改正規定が現実に活用される場面は，率直にいうと限定的かと思われる。しかし，今回の改正において，包括的な利益相反の概念が導入されたことの意義は，決して軽視すべきでない。従前から会社法には，356 条・365 条の如く利益相反抑制に関する規定は存したが，限定された事象・局面を想定したものであった。前記の通り，取締役会における特別利害関係の範囲も，相当限定的といえる。上記各事例中，**ウ**なども，契約相手方の兄弟会社代表者が自社取締役でない限り，通説に従えば，会社法 365 条の利益相反規制の対象外と解される。しかし，CEO が親会社出身である場合，兄弟会社への配慮から条件交渉も甘くなり，結果として自社に不利な条件・内容で締結される懸念も，決して杞憂とはいえない。このような場合，親会社と無関係な独立社外取締役に交渉及び契約締結を委ねることには，親会社以外の少数株主を含めた株主共同利益の観点から，十分に合理性が認められよう。

利益相反に対する認識は，会社法の分野においても最近 10 年間で急速に高まったが，今回の改正を機に更に浸透・定着させる契機となることが期待される。今後の実務において今回の改正規定が適正に活用されるならば，前記会社法 369 条 2 項等の解釈運用にも変化が生じる可能性も，否定できないかと思われる。

5 小結

以上，本稿のテーマであるCEOの選解任・後継者計画と関係が深い会社法上の論点中，最近におけるガバナンス論議との間で特に調整を要すると思われる数項目を取り上げ，駆け足で大雑把な整理を試みた。その結果，会社法の建付けや伝統的な解釈と，CGコードや経産省報告書の志向する方向性との間に，一定の種のギャップが存在することが，改めて浮き彫りとなった。まず求められるのは，できる限りこのギャップを埋めるための実務的な努力・工夫の積重ねと考えられる。その上で，なお対応困難と思われる事項に関しては，会社法の次期改正等に際し，時宜を得た立法措置が検討されることが望まれよう。

（注1） 落合誠一編『会社法コンメンタール8機関［2］§§348〜395』218頁〔落合誠一〕（商事法務，2009），奥島孝康他編『新基本法コンメンタール会社法2第2編第4章：機関から第9章：清算まで（第295条〜第574条）』183頁〔柴田和史〕（日本評論社，第2版，2016）

（注2） 奥島孝康他編『新基本法コンメンタール会社法2第2編第4章：機関から第9章：清算まで（第295条〜第574条）』218頁〔小林俊明〕（日本評論社，第2版，2016）

（注3） 落合誠一編『会社法コンメンタール8機関［2］§§348〜395』293頁〔森本滋〕（商事法務，2009），奥島孝康他編『新基本法コンメンタール会社法2第2編第4章：機関から第9章：清算まで（第295条〜第574条）』216頁〔小林俊明〕（日本評論社，第2版，2016）

（注4） 落合誠一編『会社法コンメンタール8機関［2］§§348〜395』293頁〔森本滋〕（商事法務，2009），岩原紳作編『会社法コンメンタール9機関［3］§§396〜430』64頁〔伊藤靖史〕（商事法務，2014）

（注5） 岩原紳作編『会社法コンメンタール7機関［1］§§295〜347』565頁〔山田純子〕（商事法務，2013）

第８章

ガバナンスの将来像

――社外取締役のあり方・会社類型等を巡って――

1　後継者計画・CEO 選解任と会社類型

今更，いうまでもないことであるが，現行会社法は，株式会社の企業統治に関し，監査役会設置会社，指名委員会等設置会社，監査等委員会設置会社の３類型を規定する。

フォローアップ会議，CGS 研究会における一連の検討作業は，これら３類型に関し，極力，中立性を保つよう配慮しつつ進められた。

確かに，会社法が３類型を規定する以上，これら会議・研究会において，特定の類型を殊更推奨し，他類型を否定するような方向付けは，適当とは言い難いであろう。

当然のことながら，本稿も３類型併存を前提に解説を加えてきた。

但し，次に述べる通り，改定 CG コード補充原則４－10①は，指名委員会等設置会社を他の二類型と明確に区別していることにも，留意が必要である。

後継者計画，CEO 選解任等に関し，改定 CG コード，CGS 研究会報告が示す方向を推し進めていくと，将来的には，会社類型の選択も含め企業統治形態の抜本的再検討も避けて通れないかと思われる。筆者等は，真に僭越ながら，過去２回にわたり，資料版商事法務等の紙面を拝借し，会社類型選択を絡めてガバナンスの基本的あり方に関し，ささやかな提言を試みてきた（「指名委員会等設置会社の再評価」資料版商事法務 384 号６頁〔2016〕，「全員参加型指名委員会等設置会社の志向」同 399 号 118 頁〔2017〕）。本稿を締め括るに際し，この将来的な方向性に関しても，若干，言及したい。

改定 CG コード補充原則４－10①に関しては，本稿中で度々言及してきたが，指名・報酬に関する任意委員会の要否に関し，次の基準を明確に示している。

ア　指名委員会等設置会社は，社外取締役が過半数未満であっても，任意委員会の設置を要しない。

イ　監査等委員会設置会社に関しても，監査役会設置会社と同様に，社外取締役が過半数未満の場合は任意委員会の設置を要する。

ここで，上記基準の意味するところを検討する。

まず，**ア**であるが，指名委員会等設置会社の場合，株主総会に提案する取締役会候補者（株主提案に係る候補者を除く）の選定及び取締役・執行役の報酬決定の権限は，各々，社外取締役を過半数とする法定の指名委員会・報酬委員会の専権事項である。即ち，取締役指名及び報酬決定に関し，上記補充原則4－10①が志向する社外主導が，既に会社法により強行的に保障されている。

次に，**イ**は，監査等委員会の意見陳述権では不十分との認識を明確に示したものといえる。

同委員会には，株主総会に提出する監査等委員以外の取締役の選任及び報酬議案に関し，意見を表明する権利が認められる（会社法342条の2第4項，361条6項）。

平成26年会社法改正により監査等委員会設置会社が導入された当初，一部学説からは，同委員会の機能を極力，指名委員会等設置会社の法定の指名委員会・報酬委員会に接近させるべきとの見解も，有力に主張された。これに対しては，レビュー的機能に止めるべきとの反対説も少なくなかったが，仮に監査等委員会が法定の指名委員会・報酬委員会に近い機能を有するならば，別途，任意委員会を設置する必要性は，何ら認められない（注1）。

そして，改定CGコード補充原則4－10①が監査等委員会に加え任意委員会の設置を求めていることは，後者に受動的なレビュー機能を超えたより能動的・積極的な役割を期待していることの証左といえよう。換言するならば，改定CGコードは，取締役候補者選定・役員報酬決定に関し，独立社外取締役が，一定程度，主知的・能動的な役割を果たすことを求めているといえよう。

2　取締役会の監督機能強化と CEO 選解任・後継者計画

上記補充原則4－10①をはじめとして，改定 CG コード，CGS 研究会等は，次のような大きな方向性も，明確に打ち出しているといえる。

ア　取締役会の監督機能の強化

関連して，自己監督抑制の観点から，業務執行の決定への過度の関与の見直し等も，検討課題としてクローズアップされる。

イ　独立社外取締役のプレゼンス増大

逆にいうならば，独立性が認められない取締役，特に CEO 指揮下で業務執行を担当する取締役のプレゼンスは，必然的に減少を求められることとなる。

上記の**ア**，**イ**は，表裏の関係にあることは，言うまでもない。

会社法は，取締役会の基本的機能として，取締役（監査役会設置会社に関する 362 条 2 項 2 号，監査等委員会設置会社に関する 399 条の 13 第 1 項 2 号）又は執行役（416 条 1 項 2 号）の職務執行の監督を規定する。業務執行者に対する究極の監督機能といえる代表取締役・執行役の選解任も，取締役会の権限として明記されている。

取締役会のあり方を巡っては，近年，いわゆるモニタリングモデルとマネジメントモデルの両者が対比されてきた。しかし，会社法 362 条 2 項等が存在する以上，少なくともモニタリング機能＝監督機能を放棄した純粋のマネジメントモデルが許容されないことは明らかであろう。監督機能の中核が，総会に付議する取締役候補者選定と CEO 等の業務執行者の選解任の双方を含む取締役等の人事とその報酬決定ということができる。全ての取締役は，監督機関たる取締役会の構成員として，会社法の明文規定により制限される場合を除き，取締役・代表取締役等の人事と報酬決定に主体的・積極的に参画することが，その善管注意義務・忠実義務との関係上，要求されると考えられる。

3　指名委員会等設置会社の優位性

前記**2**の大きな潮流の中，会社法が規定する３類型の中において，普及度は低いが指名委員会等設置会社に一日の長があることは，否定し難いと思われる。

その第一の理由が，監督機能の中心というべき取締役候補者選定・報酬決定に関し，３類型中で唯一，社外者過半数が，会社法上，強行的に保障されていることにあることは，いうまでもない。

この優位性は，CEO 等の業務執行者に対する監督を担う社外取締役候補者の選定に関し，特に強く妥当する。2018 年 CGS 研究会報告 80 頁は，「社外取締役の再任・解任等を検討する際に，社外者中心の指名委員会を活用することを検討すべきである」とする。この要請は，妥当というべきであるが，指名委員会等設置会社に関しては，既に現行会社法により完全に充足されているといえる。

次に，監督と業務執行との分離の徹底を挙げることができる。

監督機能の実効性確保の観点からは，監督と業務執行はできる限り分離が図られることが望ましい。しかし，現行会社法上，監査役会設置会社・監査等委員会設置会社においては，会社法との関係上，大きな限界が存する。このことは，任意の委員会制度や執行役員を活用する場合も，同様である。

まず，監査役会設置会社の場合，会社法 362 条４項により，重要な業務決定に関しては，取締役会は代表取締役に委任することなく自ら決議することを強制される。いわんや，会社法に規定のない任意の執行役員への委任も許されない。このため，好むと好まざるとにかかわらず，取締役会は，監督と業務決定の双方の機能を兼備したいわゆるハイブリッド型となさざるを得ず，その機能を監督に特化することは困難で，いわゆる自己監督も重要な業務決定の全部に関し発生する。

2019年会社法改正に至る当初検討段階では，監査役会設置会社であっても社外取締役が過半数の場合は取締役への委任を可能とすることも検討されたが，結局，見送られた。

他方，指名委員会等設置会社の取締役会は，会社法416条4項各号所定の事項を除き，業務執行の決定（以下，本章において業務決定）を執行役に委任することができ，自らの機能を相当程度監督に特化することができる（416条4項柱書）。加えて，委任先の執行役は，取締役との兼務は認められるが，取締役であることは要しない。業務執行を担当する取締役と執行役の兼務者を，例えば，CEO 1名ないしCEO・CFOの2名に限定した場合，いわゆる自己監督の発生する範囲も限定される。

監査等委員会設置会社の場合，会社399条の13第4項は，前記362条4項と同様に業務決定の代表取締役への委任を原則的に禁止するが，取締役の過半数が社外者である場合（同条5項）及び定款に授権規定がある場合（同条6項）には，例外的に取締役会決議による委任が認められる。委任が認められる範囲は，前記416条4項の指名委員会等設置会社とほぼ同じである。このことのみに着眼すると，監査等委員会設置会社は，監督と業務執行分離の観点では，一見，指名委員会等設置会社と比して遜色がないかのようにも思われる。しかし，両者の決定的な違いは，監査等委員会設置会社には執行役制度が導入されておらず，委任先は取締役会構成員である代表取締役に限定される。その帰結として，前記監査役会設置会社と同様に，いわゆる自己監督も業務執行の全部に関し発生する。この点に関しては，任意の執行役員制度の活用により解決可能との意見もあるかとは思われる。しかし，執行役員の会社法上の地位は結局のところ使用人といわざるを得ない。そして，会社法は株式会社の3類型のいずれに関しても，使用人への重要な業務決定の委任は認めていないと解される。従って，監査等委員会設置会社においても，監督と業務執行の分離は不徹底に終わらざるを得ない。

４　着眼すべき指名委員会等設置会社における取締役の情報収集機能

従来殆ど注目されてこなかったが，指名委員会等設置会社には，社外取締役等の情報収集機能の確保，ひいては監督機能の実効性確保の観点からも，他の２類型にないメリットが潜んでいる。端的にいうと，鍵は監査委員会の位置付けにある。指名委員会等設置会社において，監査委員会は会計監査人選任等に関し専権を有するが，その位置付けは指名・報酬両委員会と同様にあくまで取締役会の内部委員会であり，この点で監査役会・監査等委員会と根本的に異なる。

監査委員以外の取締役会構成員は，監査委員会の議事録に関しても閲覧権を有する（会社法 413 条）。監査委員会は，他の２委員会と同様に，その執行状況を遅滞なく取締役会に報告することを要する（会社法 417 条３項）。当該報告を受けて，監査委員以外の取締役は，当然，監査委員に対し必要な質問等を行うことも認められると解される。これら指名委員会等設置会社の特色は，従来，看過されてきたが，監督の実効性を確保する観点から社外取締役に対する情報提供が喫緊の課題とされる今日，大いに注目されるべきといえよう。

５　指名委員会等設置会社に対する批判

(1)　比較法的観点からの批判

前記の通り，会社３類型中，改定 CG コード，対話ガイドライン等が打ち出した取締役会の監督機能強化，独立社外取締役のプレゼンス増大という方向性に最も整合的であるのは，指名委員会等設置会社と考えられる。しかし，同委員会設置会社に関しては，実務界に強い抵抗感があり，残念ながら普及度は低い。加えて，学界の有力説からも厳しい批判がある。

早稲田大学上村達男名誉教授は，資料版商事法務 395 号 23 頁（2017）に，「任意の指名・報酬委員会設計の視点とは何か」と題する論文を掲載された。同論文は，ご自身が上場会社の社外取締役として任意の指名報酬委員会に参加されたご経験を加味されたものではあるが，その内容は根源的な論点を含んでいる。

まず上村教授は，一部の上場会社で取締役会構成員中の少数者である任意の指名報酬委員がいわば独断専行的に経営トップの人事を事実上決定しようとしたことに対し，強い疑問を呈される。その上で教授は，このような現象が生じた遠因を会社法上の指名委員会等設置会社制度に求め，同制度に消極的なご見解を示される。この点に関する論拠を要約すると，概略，次の通りとなるかと思われる。

取締役候補者選定が，取締役会構成員中の少数者に専属し他の取締役が排除されることは，正常な姿とは考えられない。

米国では，取締役会構成員が業務執行者中心の経営体（マネジメント機関）から次第に社外者中心のモニタリング機関に移行する過渡期で，社外中心の委員会の決定をファイナルとし取締役会本体で覆すことを認めない方式が採用された。過渡期において，委員会は取締役会内の「異物」として存在した。取締役の圧倒的多数を社外者とすることが定着した今日では，取締役会本体で取締役候補者を決定するのが一般的である。企業統治委員会等は，取締役会の諮問機関として機能している。

指名委員会等設置会社は，過渡期の米国の形態をモデルとしたため，取締役会内に「異物」を包含することとなる。わが国では，この異物性を看過し指名委員会等設置会社が先進的との考え方が浸透したため，他の２類型（監査役会設置会社・監査等委員会設置会社）にも規律を類推することが望ましいとの誤解が生じ，ひいては一部会社における任意委員会の暴走の原因となった。

上村教授は，相対的に望ましい形態として，「任意の指名報酬委員会を工夫した監査役設置会社」を明示され，任意の委員会の構成・運営等に関しても，相当具体的な方向性を示される。この中で，社外取締役とCEO 等の業務執行者との「accord（合意）」を重視され，任意委員会の構成員にCEO等を含むことや平常時におけるCEO等の当初提案も肯定されていることが注目される。経済産業省の2018年CGS研究会報告の基本的方向性と思われる。

(2) CEO選解任は一貫して取締役会決議事項

上村教授ご指摘の通り，会社法の基本的枠組み・権限分配に照らせば，監査役会設置会社・監査等委員会設置会社に設置された任意の指名委員会等が，法定の指名委員会ですらその権限に属さないCEO等の業務執行責任者の選解任に関し，あたかも自らの専権の如き行動に及ぶとすれば，明確な権限逸脱といわざるを得ない。このような極端な事例は任意委員会を設置した一部会社における例外的現象に過ぎないと考えたい。世論の一部には，かかる会社法の枠組み・権限分配を明らかに逸脱した例外的現象を積極的に肯定する傾向も散見された。しかし，上記のような任意委員会の権限を逸脱した行動は，委員外の取締役に対し，善管注意義務に違反して最重要な監督権限の放棄を迫るものといえる。2018年及び2019年の各CGS研究会報告等も，このような極端な方向性は明確に否定しており，今後，次第に支持を失うと考えられる。

翻って考えるに，指名委員会等設置会社においても，執行役の選解任・主要な子会社役員人事等は，委員会でなく，取締役会本体の権限である。結局，現行会社法の下でいずれの会社類型を採るとしても，CEO等の業務執行者の選解任，主要な子会社役員人事等に関しては，構成員中の一部による専権は認められないこととなる。これら事項の決定に関してもあくまで独立社外取締役主導を望むならば，結局のところ，取締役会の構成自体を社外主導とする他ない。即ち，取締役の過半数は独立社外取締役とする必要が生じよう。

但し，指名委員会等設置会社の場合，社外取締役が過半数に満たない場合においても，CEOの選解任に関しては，実質的に社外取締役主導のレビューは行われていると言い得る。わが国の場合，指名委員会等設置会社におけるCEO＝代表執行役の地位は，会社法上は必須ではないが，実務上は取締役であることが前提といえる。指名委員会等設置会社の取締役の任期は1年であり，同委員会における取締役候補者選定を通じ，CEOの適格性に関し，実質的には，毎年，社外取締役主導でレビューが行われているといえよう。

6　全員参加型指名委員会等設置会社の可能性

(1)　過渡期の制度としての評価

前記の通り，会社3類型の中で，CGコード等が打ち出した大きな方向性に最も適合するのは，やはり指名委員会等設置会社と思われる。

それでは，実務的に抵抗感が強く上村名誉教授も批判される点，即ち取締役候補者選定・報酬決定という根幹的監督機能が構成員中の少数者に専属し他の構成員がこれから排除されることに関しては，如何に考えるべきか。

現状では，指名委員会等設置会社においても，取締役会本体が一定程度は業務決定に関与する必要があり，執行役に対する業務決定の委任も会社法416条4項が許容する最大限までには行われてない例も多いようである。かかる状況では，取締役中にCEOの指揮監督下にある業務執行担当者も一定数包含する必要も生じよう。その結果，指名委員会等設置会社でも，取締役中に占める独立社外取締役の比率が過半数に満たず，社内取締役が過半数となるケースも，十分に想定される。

このような場合にも業務執行者に対する監督の実効性を確保しようとするならば，指名委員会・報酬委員会への専属も，必要かつやむを得ないといえよう。現在は，改定CGコード，対話ガイドライン策定等の一連の動きに象徴されるように，わが国上場会社の取締役会のあり方が，かつて殆ど業務執行者のみを構成員とする純然たるマネジメントボードから脱却し，監督（モニタリング）機能を重視する方向に進みつつある状況で，いわば過渡期にあるといえよう。わが国の改革が過渡期にある以上，過渡期の米国の形態をモデルとした現行の指名委員会等設置会社制度には，現状では十分な存在意義が認められるといえよう。

しかし，最も中心的監督機能が取締役会構成員の一部に専属し他は排除される状況が，果たして取締役・取締役会の究極の理想像といえるかはやはり疑問である。

既に，取締役候補者選定・報酬決定の権限が取締役会構成員中の一部委員に専属し委員外の取締役が排除されることの立法論的妥当性に関しては疑問も呈されており，2012 年に日本取締役協会も独立取締役過半数を条件に取締役会本体での決定を容認する柔軟設計型委員会設置会社の構想を提言している（注２）。ただ，現行法上，指名委員会等設置会社形態を採用する以上，この一部専属・委員外排除は避けられないというのも，一般の通念かと思われる。

⑵　全員参加型の提言

これに対し，筆者としては，現行の指名委員会等設置会社制度の下でも，この問題の解決も，実務的には可能と考える。端的に言うと，その方法は，「取締役の過半数を社外者とし，取締役の全員を指名委員・報酬委員に選任すること」，すなわち全員参加型の指名委員会・報酬委員会を組成することである。この指名委員会・報酬委員会を取締役全員で構成する指名委員会等設置会社を，本稿では，便宜上，全員参加型指名委員会等設置会社と称させて頂く。全員参加型の指名委員会・報酬委員会に関して，その構想を，具体例と共に紹介させて頂く。

（具体例１）

取締役総数７名

社外５名（外国籍，女性を含む），社内２名（CEO，常勤監査委員）

指名委員会（社外５名，社内２名の全員で構成）

報酬委員会（社外５名，社内２名の全員で構成）

監査委員会（常勤監査委員及び社外３名で構成）

（具体例２）

取締役総数９名

社外６名（外国籍，女性を含む），社内３名（会長，CEO，常勤監査委員）
指名委員会（社外６名，社内３名の全員で構成）
報酬委員会（社外６名，社内３名の全員で構成）
監査委員会（常勤監査委員及び社外３名で構成）

（具体例３）
取締役総数９名
社外６名（外国籍，女性を含む），社内３名（CEO，CFO，常勤監査委員）
指名委員会（社外６名，社内３名の全員で構成）
報酬委員会（社外６名，社内３名の全員で構成）
監査委員会（常勤監査委員及び社外３名で構成）

（具体例４）
取締役総数 10 名
社外６名（外国籍，女性を含む），社内４名（会長，CEO，CFO，常勤監査委員）
指名委員会（社外６名，社内４名の全員で構成）
報酬委員会（社外６名，社内４名の全員で構成）
監査委員会（常勤監査委員及び社外３名で構成）

全員参加型指名委員会等設置会社において，万が一，社外取締役の辞任等により両委員会での社外過半数の要件を充足しなくなった場合には，暫定的に社内取締役中の一名を両委員から外すことで対応可能と考えられるが，上記各例では，その懸念は少ないと思われる。

上記いずれの例でも，社外取締役の取締役中に占める比率は，過半数＋αである。社外取締役全員が独立性の要件を充足するならば，取締役会における独立社外取締役の主導性は，少なくとも数の上では完全に確保される。

全員参加型指名委員会等設置会社の取締役構成には，もとより，上記各例の他，種々の組み合わせが想定される。

(3) 全員参加型の適法性

上記のような全員参加型指名委員会等設置会社は，現行会社法の如何なる条文にも，そして基本理念にも反するとは思われない。まず，現行会社法上，指名委員会等設置会社の指名委員・報酬委員に関し，社外者過半数は要求されているが，その人数の上限や取締役中に占める比率を制限する条文等は見当たらない。会社法が取締役候補者選定・報酬決定を各委員会の専権事項とし取締役会で覆すことを許さない趣旨は，業務執行者が多数を占める取締役会での最終決定を防止することであり，取締役の中で候補者選定・報酬決定から排除される者を必須とする趣旨とは考えられない。むしろ，取締役会の主たる機能を監督（モニタリング）に置き取締役候補者選定・報酬決定をその中心に据えるのであれば，取締役会構成員中にこれら機能から排除される者が存在することの方がイレギュラーと思われる。

全員参加型指名委員会等設置会社では，当然のことながら，取締役会での一切の決議が社外取締役主導で行われ，本稿のテーマである後継者計画策定，CEO 選解任も，もとより例外ではない。この点において，改定 CG コード，対話ガイドラインが打ち出した大きな方向性と整合的といえる。

加えて，具体例**1**，**2**では，CEO の指揮監督下にある者は構成員中に含まれておらず，取締役会の監督機能の実効性も確保される。そのメリットは，CEO 自身の再任・解任及び CEO 等に対する監督者たる社外取締役候補者の選定に際し，特に大きいと思われる。

又，現 CEO の後継者候補と目される者も含まれず，この意味での利益相反も回避される。具体例**3**，**4**では CFO が含まれるが，総員 10 名ないし 9 名中の 1 名に過ぎず，かつ業務執行者の中では CEO からの一定程度の独立性も期待し得るポジションであり，取締役会の監督機能を大きく阻害する懸念は少ないかと思われる。

又，2018 年 CGS 研究会報告 51 頁ないし 52 頁は，現在は CEO と一体で業務執行を担う性格が強い取締役会長に関しても，将来的な選択肢として「経営トップの監督に徹する観点から業務執行から一線を画すること」及び「取締役会議長として監督に集中し，取締役会評価に力を入れること等」を示している。取締役会長に関し，このようなあり方を選択した場合，取締役中の監督者の比重は更に高まり，監督機能の実効性もより一層高まることが期待される。

(4)　オプションとしての任意委員会

全員参加型指名委員会等設置会社において，オプションの一つとして任意機関として企業統治委員会・ガバナンス委員会等を設置することは，必須ではないが，可能ではあると考えられる。その位置付けは，これら任意委員会の所管事項が取締役候補者のピックアップないしレビューと取締役・執行役報酬の原案提示ないしレビューに限られるのであれば，指名委員会・報酬委員会の諮問機関となろう。但し，指名委員会設置会社でかかる任意委員会を設置することは，屋上屋を重ねる感がある。他方，取締役会本体の権限に属する執行役選解任や子会社役員人事を所管するならば，取締役会の諮問機関となろう。

当該委員会の構成としては，一定数以上の社外者を含む必要はあるが，事情に精通した社内者も排除されるべきではない。特にCEO又はその経験者は必ず1名以上参加するべきである(注3)。2018年CGS研究会報告も，CEO等の業務執行側が当初提案を行うことは，明確に肯定している。肝要であるのは，社外者等が業務執行側の提案・意見を無批判に追認することなく，厳正なレビュー機能（必要があれば，カウンター・プロポーザル）を果たすことである。任意の企業統治委員会等を有する全員参加型指名委員会等設置会社は，上村教授がご提唱の方向性と，相当程度接近するかと思われる。

又，前記日本取締役協会が提唱した柔軟設計型委員会設置会社の構想とも，共通性が高いと考えられる。

指名委員会等設置会社に対する理解が深まり実務で一定の普及を見たならば，やがて日本取締役協会が提唱するような方向性での会社法改正が実現することも，十分に考え得る。

又，多くの会社において，任意の委員会が暴走することなく適切に機能するならば，定款自治に基づき各社の創意工夫により種々のバリュエーションに富む委員会を，取締役会の内部組織＝会社法上の正式機関として創設することが，会社法上，明文により許容される日も来ることも，十分に期待できよう。

7 次善策としての監査等委員会設置会社の選択

上場会社中にも，社外取締役主導のガバナンスの採用が困難と思われる会社も少なくない。

その一つは，親会社・資本上位の関連会社・オーナー株主等の支配株主が存在する会社である。他の一つはガバナンスを主導するに足る能力・識見を有する複数の社外取締役を確保することが困難と思われる比較的小規模な上場会社及び事業内容等が極めて特殊で外部者関与に一定の限界が存することも認めざるを得ない上場会社である。2018 年及び 2019 年の各 CGS 研究会報告も，このような上場会社があることを認めている。極めてピュアに物事を割り切るならば，社外取締役主導のガバナンスの採用が困難な会社に関しては，上場を認めるべきでない，認めるとしても特則市場に止め本則市場には上げるべきでないとの考え方も，あり得るかとは思われる。しかし，このような割切りは，必然的に市場規模の縮小を招く。更にいうならば，極端なピュアリズムは，わかり易く一見清々しい一面はあるものの，排除・非寛容に繋がる危険性もある。少なくとも近未来的には，支配株主の存在・企業規模等の事業から社外主導が困難と考えられる上場会社の存在を前提に，そのガバナンスのあり方も考察する必要がある。

その際の次善策として，指名委員会等設置会社よりは監督機能が脆弱であるが監査役会設置会社よりは強いと考えられる監査等委員会設置会社を選択することには，相応の合理性も認められる。この点に関しては，支配株主の存する上場会社に焦点を絞り，**第6章**で論じた。ご参照頂ければ幸いである。

8　小結

本稿のテーマである後継者計画・CEO 選解任を出発点として，改定 CG コード，２度にわたる CGS 研究会報告等が打ち出した大きな方向性に即し，現行の会社３類型を視野に入れつつ，将来的に目指すべき方向性の模索を試みた。

先に述べた通り，一連の流れの中で打ち出された大きな方向性は，取締役会の監督機能の強化・実効性確保及び独立社外取締役のプレゼンス増大といえる。この方向性を追求していくと，独立系の上場会社の統治は，将来的には，概略，次のような形態に集約するのではないかと思われる。

・取締役の過半数は独立社外取締役
・CEO 指揮監督下の者は取締役会構成員から除外又は最低限に限定
・取締役会の業務決定への関与抑制

このような形態は，欧米ではむしろ一般的であり，広く内外の投資家の理解も得やすいと考えられる。

現行の会社３類型中，上記の将来目指すべき方向性に最も親和的と考えられるのは，普及度は低いものの，やはり指名委員会等設置会社と考えられる。この認識の下，筆者は現行会社法の枠内でより早く実現を図る一つの実務的方策として，全員参加型指名委員会等設置会社を紹介した。もとより，将来的なあるべきガバナンス＝統治形態の実現は，一定の時間軸の中で実現を図る必要がある。指名委員会等設置会社を採用したとしても，種々の事情から，一挙に取締役会構成員の過半数を社外者とすることが困難な場合があることは，十分に理解できる。最終的に目指すべき方向は同じであっても，そこに至る道筋は，会社毎に様々と考えられる。例えば，監査等委員会設置会社から指名委員会等設置会社，更には全員参加型指名委員会等設置会社というような経路を辿ること，当面は監査役会設置会社の形態を維持しつつ上村教授がご提唱のような任意委員会を活用し将来的に全員参加型指名委員会等設置会社への移行を目指すこと等にも，十分に合理性があろう。理想形に至る時間軸も，当然，各上場会社の置かれた個別的情況に応じて異なるであろう。しかし，たとえゆっくりとした速度でも前進しないことには，永久にあるべき姿に到達しない。改定CGコード，２度にわたるCGS研究会報告等の一連の動きを契機として，各上場会社において，会社類型を含め自らの統治形態を再検討・再構築する動きが広がることを期待したい。

（注１）　立法当初の論議の状況等は，日本取引所グループ「平成26年会社法改正―企業統治関係（1)」『日本取引所金融商品取引法研究第４号』(2016）等に掲載されている。

（注２）　日本取締役協会が2012年３月22日付で自由民主党企業・資本市場法制プロジェクトチームに提出した「会社法改正中間試案に対する意見・提言の概要」の中で，提言されている。要点は，監督と執行の峻別と独立取締役過半数を大前提として，内部委員会の設置・設計等を，監査委員会を含め全面的に株主の私的自治に委ねることにある。

（注３）　あくまで将来の仮定の論議であるが，監督・執行の分離（執行役必置）と取締役の過半数以上が社外者を必須条件として，取締役会の内部委員会の設置・廃止・設計等を定款自治に委ねることが想定される。

著者略歴

吉川　純（きっかわ　じゅん）

1981年司法修習終了（33期），弁護士登録

法律事務所勤務を経て，1988年大和證券株式会社に入社

同社法務部勤務を経て，2002年大和証券グループ本社経営企画部部長で退職

同年弁護士法人大和エスジー吉川法律事務所を設立し，現在に至る

CEO新任・続投のポイント

2020年1月21日　初版第1刷発行

著　者　吉　川　　純

発行者　小　宮　慶　太

発行所　㍿商　事　法　務

〒103-0025　東京都中央区日本橋茅場町3-9-10
TEL 03-5614-5643・FAX 03-3664-8844〔営業部〕
TEL 03-5614-5649〔書籍出版部〕
https://www.shojihomu.co.jp/

落丁・乱丁本はお取り替えいたします。　印刷／そうめいコミュニケーションプリンティング

Printed in Japan

Shojihomu Co., Ltd.

ISBN978-4-7857-2767-3

＊定価はカバーに表示してあります。